# Descobrindo a Geometria Fractal
## para a sala de aula

COLEÇÃO TENDÊNCIAS EM EDUCAÇÃO MATEMÁTICA

# Descobrindo a Geometria Fractal
## para a sala de aula

RUY MADSEN BARBOSA

Colaboradores convidados
*Davi de Sousa, Edna Yoshiko Sensako,
Francesco Artur Perrotti, Marcos Luiz Lourenço,
Osvaldo Severino Junior, Telma Aparecida Souza Gracias*

Esta edição inclui o CD-ROM do *software* Nfract-1.0

3ª edição

autêntica

Copyright © 2002 Ruy Madsen Barbosa

COORDENADOR DA COLEÇÃO TENDÊNCIAS EM EDUCAÇÃO MATEMÁTICA
*Marcelo de Carvalho Borba*
gpimem@rc.unesp.br

CONSELHO EDITORIAL
*Airton Carrião/Coltec-UFMG; Arthur Powell/Rutgers University; Marcelo Borba/UNESP; Ubiratan D'Ambrosio/PUC-SP/USP/UNESP; Maria da Conceição Fonseca/UFMG.*

CAPA
*Jairo Alvarenga Fonseca*

EDITORAÇÃO ELETRÔNICA
*Waldenia Alvarenga Santos Ataíde*

REVISÃO
*Cilene De Santis*

Todos os direitos reservados pela Autêntica Editora. Nenhuma parte desta publicação poderá ser reproduzida, seja por meios mecânicos, eletrônicos, seja via cópia xerográfica, sem a autorização prévia da Editora.

**AUTÊNTICA EDITORA LTDA.**
Rua Aimorés, 981, 8° andar. Funcionários
30140-071 . Belo Horizonte . MG
Tel.: (55 31) 3222 6819
Televendas: 0800 283 13 22
www.autenticaeditora.com.br

---

B238d
      Barbosa, Ruy Madsen
      Descobrindo a Geometria Fractal – para a sala de aula / Ruy Madsen Barbosa. – 3. ed. – Belo Horizonte : Autêntica Editora , 2005.

      160p. (Tendências em Educação Matemática, 6)

      ISBN 978-85-7526-057-9

      1.Geometria. 2.Formação de professores. I.Título. II.Série.

                                                                                      CDU 513

# Nota do diretor

Durante a avaliação dos cursos de Licenciatura em Matemática de todo o país, foi constatado, por diversos matemáticos e educadores matemáticos, que um dos problemas desses cursos era a existência de poucos livros voltados para a Educação Matemática. Bibliotecas de cursos que muitas vezes tinham títulos em Matemática não tinham publicações em Educação Matemática, sendo um dos motivos a escassez de livros.

Em cursos de Mestrado e Doutorado com ênfase em Educação Matemática, voltados para pesquisa, ainda há uma falta de material que apresente de forma sucinta as diversas tendências em Educação Matemática que se consolidam nesse campo de pesquisa. Da mesma forma, publicações em português fazem falta para os diversos cursos de especialização voltados para a educação continuada dos professores.

A coleção "Tendências em Educação Matemática" é voltada para futuros professores, e para profissionais da área que buscam de diversas formas refletir sobre esse movimento denominado Educação Matemática, o qual está embasado no princípio de que todos podem produzir Matemática, nas suas diferentes expressões.

Essa coleção é escrita por pesquisadores em Educação Matemática, com larga experiência docente, que pretendem estreitar as interações entre a Universidade que produz pesquisa e as áreas dentro e fora da escola onde se dá o cotidiano da Educação. Cada livro indica uma extensa bibliografia na qual o leitor poderá buscar um aprofundamento em uma dada Tendência que pareça sintetizar a visão de Educação Matemática de seu interesse.

Neste livro, Ruy Madsen Barbosa, um experiente matemático que devido a diversas incursões na Educação Matemática já se tornou um membro de nossa comunidade, nos brinda com um livro que apresenta ao leitor os Fractais. Além das notas históricas sobre como os Fractais foram desenvolvidos ele apresenta também esse conceito em diversos níveis do ponto de vista da matemática, e mostra como os vários aspectos dos Fractais podem ser desenvolvidos desde as séries iniciais, utilizando os desafios apresentados em atividades com lápis e papel, jogos com "materiais concretos" e softwares desenhados para a Educação Matemática. Há também nesse livro um CD, em forma de encarte, no qual há propostas para usuários de diversos aplicativos, e um software que permite a geração de alguns Fractais. O ensino e aprendizagem dos Fractais, que já é uma tendência em outros países, terá agora mais um aliado para que se torne uma tendência em nosso país.

*Marcelo C. Borba*[*]

---

[*] Coordenador da Coleção "Tendências em Educação Matemática ", é Licenciado em Matemática pela UFRJ, Mestre em Educação Matemática pela UNESP, Rio Claro/SP e doutor nessa mesma área pela Cornell University, Estados Unidos. Atualmente, é professor do Programa de Pós-Graduação em Educação Matemática da UNESP, Rio Claro/SP.

# Sumário

I– Introdução aos fractais.................................... 09
   Fractais, Caos, informática e artes...................... 09
   Benoit Mandelbrot – Algumas notas históricas............ 11
   Senso estético e o belo nos fractais.................... 13
   Ordem e desordem ....................................... 15
   Alguns dados supostos curiosos.......................... 17
   E a definição de fractal?............................... 18
   Por que "descobrindo a geometria fractal
   para a sala de aula"?!.................................. 19

II – Aprendendo famosos fractais precursores............ 23
   A - Conjunto de Cantor.................................. 24
   B - Curva de Peano...................................... 32
   C - Curva de Hilbert.................................... 36
   D - Curva de Koch....................................... 38
   E - Curva, triângulo e tapete de Sierpinski............. 41
   F - Fatou e Julia....................................... 45

III – Criando fractais...................................... 51
   A - Fractais pela fronteira............................. 51
   B - Fractais por remoção................................ 54
   C - Fractais tipo Dürer................................. 59
   D - Árvores............................................. 62
   E - Como descobrir a dimensão fractal................... 66

IV – Explorando fractais na sala de aula................. 71
   A - Explorando o floco de neve de Koch.................. 72
   B - Explorando o triângulo de Sierpinski................ 76
   C - Explorando a esponja de Menger...................... 78
   D - Explorando o fractal em X........................... 81

E - Explorando o fractal pentagonal de Dürer.................. 82
F - Explorando o fractal árvore pitagórica
fundamental......................................................... 87

V – Construindo fractais em sala de aula com
manipulação de materiais concretos.................. 91
   A - Fractal triminó.................................................. 92
   B - Carpete de Sierpinski...................................... 93
   C - Fractal heptaminó em H.................................. 94
   D - Fractal pentaminó em T.................................. 94
   E - Fractal extensão-1 do triângulo de Sierpinski........ 95
   F - Fractal extensão-2 do triângulo de Sierpinski........ 95

VI – Seriam fractais as configurações de múltiplos no
triângulo de Pascal?!.................................... 97
   Fractal 1 - Múltiplos de dois................................. 98
   Fractal 2 - Múltiplos de três................................. 99
   Comentário........................................................ 100

VII – Fractais com recursos computacionais............... 103
   A - Usando Nfract.............................................. 104
   B - Usando o Slogow......................................... 108
   C - Usando Cabri-géomètre II............................. 117
   D - Usando o geometricks................................... 122
   E - Usando a linguagem C.................................. 127
   F - Usando Java................................................ 130

Referências bibliográficas....................................... 133

Apêndice à 2ª edição............................................. 137

Tutorial do Nfract.................................................. 151

Capítulo I

# Introdução aos fractais

## *Fractais, Caos, informática e artes*

Nas últimas décadas aconteceram investigações cujo tema central foi a construção e o estudo de entidades geométricas; tais entidades (ou objetos) foram chamadas *FRACTAIS* pelo seu iniciador, Benoit Mandelbrot. Essas formas geométricas possuem, entre outras, uma propriedade especial, que pode ser considerada característica. Esses entes constituem uma imagem de si, própria em cada uma de suas partes. Segue que suas partes lhe são semelhantes; propriedade conhecida como *autossimilaridade*.

Mandelbrot as denominou fractais, baseando-se no latim, do adjetivo *fractus*, cujo verbo *frangere* correspondente significa *quebrar*: criar fragmentos irregulares, fragmentar. Decorre que quando se diz Geometria Fractal refere-se ao estudo dos fractais.

Contudo, a Geometria dos Fractais está intimamente ligada à uma ciência chamada *CAOS*. As estruturas fragmentadas, extremamente belas e complexas dessa geometria, fornecem uma certa ordem ao Caos, razão de ser, às vezes, considerada como a sua linguagem, que busca padrões dentro de um sistema por vezes aparentemente aleatório. Ambas, Geometria Fractal e Caos se desenvolveram principalmente pelo rápido aprimoramento das técnicas computacionais; a primeira teve e tem como poderoso propulsor o seu inegável apelo estético, daí sua entrada no domínio das artes.

Nessas quatro ou cinco décadas vimos o nascimento e o subsequente desenvolvimento de uma nova ciência, denominada CAOS. Biólogos, físicos, economistas, astrônomos, meteorologistas, ecologistas, fisiologistas e cientistas de várias outras especialidades se depararam com questões oriundas da natureza, procurando dar enfoques mais adequados à sua complexidade.

Essa ciência trouxe consigo *o ver ordem e padrões*, onde anteriormente só se observava o irregular, o aleatório, o imprevisível, digamos mesmo o *caótico*. Entretanto, nota-se que o Caos colocou elos entre temas não relacionados, justamente pelas suas irregularidades. Seus cientistas, de áreas diversas, tiveram dificuldades e desânimo até mesmo para publicar, para colocar suas ideias e resultados de forma publicável. Temas como desordem na atmosfera, turbulência nos fluidos, variação populacional de espécies, oscilações do coração e cérebro, interligações microscópicas de vasos sanguíneos, ramificações alveolares, cotações da bolsa, forma das nuvens, relâmpagos, aglomerações estelares etc. eram estudados buscando-se então ligações entre diferentes tipos de irregularidades; e surpreendentes ordens no caos foram descobertas.

As ferramentas da geometria fractal com suas formas foram elementos insubstituíveis de muitos cientistas, pois permitiram reformular antigos problemas.

Em particular, os fractais revolucionaram a geração e a reprodução de imagens.

Na constituição de nosso mundo, da natureza em geral, por mares e oceanos, separando os continentes e ilhas, com suas costas, suas montanhas e rios, rochas, plantas e animais, e acima as nuvens etc., temos componentes com suas formas nas quais dominam a irregularidade e o caos; tentar simplificá-las, empregando formas usuais da clássica geometria euclidiana, como triângulos, círculos, esferas, cones etc., seria absurdamente inadequado. A geometria dos fractais pode fornecer aproximações para essas formas.

## *Benoit Mandelbrot – Algumas notas históricas*

Mandelbrot nasceu em Varsóvia (1924), de família judia, da Lituânia. Em 1936 sua família mudou-se para Paris. Antecipando-se ao nazismo, deslocaram-se para Tulle. Clara e penosamente passaram a enfrentar as dificuldades da guerra e a opressão dos invasores. Quando Paris foi libertada do jugo alemão, submeteu-se aos exames de admissão da Escola Normal e da Escola Politécnica, sendo aprovado a despeito da sua falta de preparo, ambas instituições de prestígio. Iniciou pela Escola Normal, onde pouco tempo permaneceu, passando à Politécnica.

Na época havia o movimento do grupo Bourbaki (ou "clube" Bourbaki), do qual participava um determinado número fixo de jovens matemáticos, que buscavam a reconstrução da matemática francesa, e entre eles encontrava-se o seu tio Szolem Mandelbrot.

As preocupações do grupo Bourbaki, talvez iniciadas como reação ao grande pensador Poincaré, que não tinha muitas exigências em relação ao rigor, visavam uma matemática formal e pura, sem influências possivelmente enganosas pelo visual geométrico. As ideias se propagaram por vários países, atingindo inclusive os Estados Unidos, e nós brasileiros chegamos a ter mesmo excessos, principalmente na educação, de muitos de seus adeptos fanáticos. A matemática tornou-se mais rigorosa, pautando-se pelo método axiomático. É claro que os preceitos de Bourbaki tornaram-se quase obrigatoriedade e trouxeram louros para a própria matemática, desvinculando-a de outras ciências, ressaltando o seu primado entre elas.

Entretanto, mesmo diante das ideias de seu tio, Mandelbrot não suportou o predomínio da abstração imposta por Bourbaki. Deixou a França em 1948, indo estudar Ciência Aeroespacial nos Estados Unidos, tendo conseguido posteriormente um cargo na IBM – Centro de Pesquisas Thomas Watson, que na época prestigiava projetos de pesquisa. Mandelbrot trabalhou, então, com problemas de economia.

Na IBM deparou-se com questões de ruídos nas linhas telefônicas utilizadas em rede entre os computadores. Mandelbrot soube dos engenheiros que algum ruído não podia ser eliminado e interferia nos sinais; a aleatoriedade e a irregularidade dos ruídos afastavam os engenheiros da busca de soluções. Resolveu o problema empregando um trabalho antigo de Georg Cantor chamado Poeira de Cantor (Ver Capítulo II), pensando nos erros de transmissão como um desses conjuntos de Cantor.

Mandelbrot procurou, durante anos, situações, algumas vezes de cientistas de outras áreas, mesmo antigas, e modelos para aplicar suas ideias, que por volta de 1960 ainda constituíam uma pálida imagem da realidade, mas que as reconhecia toda vez que visualizadas.

A geometria fractal de Mandelbrot reflete uma natureza de irregularidades, de reentrâncias, saliências e depressões, de fragmentação.

É famosa sua indagação: *"Que extensão tem o litoral da Grã-Bretanha?"*

A resposta possível variará conforme a escala de medição. Baías e penínsulas aparecerão ou não, dependendo da escala adotada. Sabe-se, por exemplo, que em documentos dos dois países vizinhos, a fronteira da Espanha com Portugal difere em cerca de 20%, o mesmo acontecendo por exemplo com a fronteira da Holanda e da Bélgica. Claro é que ao efetuar as medidas cada país empregou instrumentos com unidades de escala diferentes.

Mandelbrot, pesquisador protegido pelos recursos computacionais da IBM, entre outras investidas, pesquisou em Economia sem ter grandes conhecimentos do assunto; assim, estudou a distribuição de pequenas e grandes rendas. Nessa ocasião, convidado para proferir uma palestra, por Hendrick Houthaker, professor de Economia em Harvard, deparou-se com esquematizações, conforme seus estudos, no quadro do colega, mas com dados relativos aos preços de algodão correspondentes a oito anos. De volta à IBM, levava os dados do colega, aos quais acrescentou dados do Departamento de Agricultura, desde o início de 1900, constituindo uma enorme e invejável fonte para os computadores.

Verificou-se, então, que as aberrações estatísticas dos preços, imprevisíveis, apresentavam, analisados à maneira de Mandelbrot, uma ordem inesperada.

Benoit Mandelbrot chegou à fama e obteve honrarias, passando a ocupar vários cargos acadêmicos, desde professor em Harvard ou professor de Fisiologia na Faculdade Einstein de Medicina.

Sua gama vasta e variada de trabalhos publicados inclui os seguintes livros: *Les objects fractals, forme, hassard et dimension*, Paris, Flamarion, 1975, *Fractals: form, chance and dimension*, San Francisco, Freeman, 1977, e a sua obra reformulada e mais famosa: *The Fractal Geometry of Nature*, New York, Freeman, 1977.

## *Senso estético e o belo nos fractais*

A Matemática, em geral, fornece ao matemático, ao professor, e é bom que também ofereça ao educando, prazeres oriundos de várias formas de pensar e ver, ou de suas próprias ações. Muitas vezes eles emergem da superação de dificuldades; assim é por exemplo o estado prazeroso emergente da simples busca com sucesso das raízes na resolução de uma equação ou de uma situação-problema numérica ou geométrica cuja solução leva a encontrar apenas alguns números ou determinados pontos de um plano.

Entretanto, algumas áreas da Matemática, como a Geometria, possibilitam o surgimento de prazer e gozo que merecem ser explorados pelos educadores. Assim são as situações de contemplação de aspectos harmoniosos ou de contrastes na arte, na pintura ou arquitetura, ou na própria natureza. A visualização de simetrias, por exemplo, é um fator poderoso para sentir o belo. A simetria é um conceito muito importante na Filosofia da Arte e na Estética, é um fator determinante de emoções, tanto é que pensadores, talvez exorbitando um pouco, consideram-na a ordem da beleza estável ou o ritmo estático. Ela individualiza um objeto belo e lhe fornece caráter e expressão. Essas emoções produzidas pelos objetos ou situações de beleza coincidem com o estado consciente do sujeito e a representação.

Temas como segmento áureo e divina proporção, ou seus equivalentes, cujo estudo geométrico (métrico), nos polígonos regulares pentagonais ou decagonais, o faz aflorar permitindo relacioná-los com os padrões de escultura ou pintura, como o foram normalizados em padrões que se tornaram cânones clássicos para a arquitetura e pintura romana.

Autores são concordes que o educador necessita explorar essa proporção no ensino da matemática. Tão ubíqua na natureza, é a relacionada sucessão de Fibonacci, presente desde a filotaxia à anatomia de seres.

As *"intromissões"* desses números e relações na natureza precisam, no entanto, muitas vezes ser indicadas para que se tenha as correspondentes transposições didáticas (PAIS, 2001), buscando o interesse e os anseios do educando pelos diversos prazeres possíveis.

Ver e sentir o belo e apresentar um senso estético é talvez propriedade inerente a alguns poucos temas da matemática; entre os outros, muitos são áridos ou desinteressantes

O despertar e desenvolver do senso estético pode muito bem ser cuidado e aproveitado com o tema *fractais*, quer apreciando o belo irradiante, quer observando a regularidade harmoniosa nas suas próprias irregularidades.

Cremos, no entanto, que para os fractais, em especial para a geometria fractal, faz-se necessário ao educador conseguir captar o educando com o transparecer de sua própria vibração e talvez evidenciando o êxtase na contemplação da beleza de seus visuais, conduzindo-o ao prazer pelas informações e conhecimentos culturais da vasta variedade de fractais.

Aproveitemos a sucessão comentada, dita de Fibonacci: 0 - 1- 1 - 2 - 3 - 5 - 8 - 13 - 21 - ... na qual cada termo é igual à soma dos dois anteriores. Multiplicando cada um de seus termos pelo valor 1,618 obteremos a sucessão 0 - 1,618 - 1,618 - 3,236 - 4,854 - 8,090 - 12,944 - 21.034 - ...; agora tomemos os inteiros mais próximos e eliminemos os dois primeiros termos 2 - 3 - 5 - 8 - 13 - 21 - ... que nos reserva uma surpresa agradável: *está reconstituída a sucessão de Fibonacci, excetuando-se os primeiros termos.*

Possui a sucessão de Fibonacci alguma propriedade dos fractais? Praticamente sim, quase a autossimilaridade. Que beleza, essa exploração nos mostra que ela continua com sua ubiquidade, novamente presente. Esta autossimilaridade também acontece para as sucessões de Lucas, que seguem a mesma recorrente de Fibonacci, diferindo dessa apenas pelos dois termos iniciais. O motivo dessa propriedade decorre do fato de que a razão de dois termos consecutivos dessas sucessões tem por limite justamente o valor da secção áurea (ver BARBOSA, 1993 a).

## *Ordem na desordem*

Procuraremos a seguir mostrar, com uma ilustração julgada simples, que uma marcação desordenada de pontos no plano via randomização pode conduzir a uma ordem.

> Considere-se 3 (três) pontos A, B e C e um ponto qualquer $P_i$ (preferencialmente do triângulo ABC, exceto no seu baricentro).
> 
> Sigamos as instruções dadas pelos passos seguintes:
> 
> Passo 1 – *Faça i = 0;*
> 
> Passo 2 – *Por um processo de sorteio escolha um dos vértices A, B e C*[(*)];
> 
> Passo 3 – *Troque i por i +1;*
> 
> Passo 4 - *Marque o ponto $P_{i+1}$ médio do segmento $P_i$ Vértice (sorteado);*
> 
> Passo 5 - *Vá ao passo 2.*

(*) Para usar um dado usual nos sorteios associe ao vértice A os números 1 e 4, ao vértice B os números 2 e 5, e a C os números 3 e 6.

Nas figuras seguintes exemplificamos: na Fig. I.1 marcamos o ponto inicial $P_0$, na Fig. I.2 marcamos $P_1$, $P_2$, $P_3$ e $P_4$ supondo que sucessivamente foram sorteados os vértices C, A, A e B.

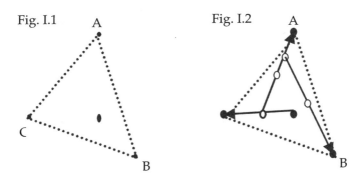

Fig. I.1  Fig. I.2

O leitor notará que o algoritmo proposto até aqui é imperfeito, é infinito, teremos sucessivamente um ponto marcado que não terá fim.

Para paralisarmos a repetição da sequência de passos é necessário substituirmos o passo 5 colocando um teste para um dado natural N, escolhido previamente para número de pontos:

| Passo 5 - Teste: $i < N$ ? |
| --- |
| a) Não – vá ao passo 6; |
| b) Sim – vá ao passo 2; |
| Passo 6 - *Fim*. |

Sugerimos, por exemplo, ao professor realizar algumas experiências com seus alunos seguindo o algoritmo proposto:

- escolher um N pequeno, por exemplo N = 10, com $P_o$ pertencente a um dos lados;
- escolher um N maior, por exemplo N = 20, com $P_o$ exterior ao triângulo;
- escolher um N relativamente grande para trabalho com régua, por exemplo N = 40. com $P_o$ coincidindo com um dos vértices (aconselhamos não desenhar os segmentos).
- ▶O leitor (ou os alunos) observará que os pontos, nas três experiências, estão espalhados interiormente ao triângulo; aliás, deve-se lembrar que o sorteio dos vértices deve ser a causa dessa desordem.

A aleatoriedade gera a desordem dos pontos. Na verdade, entretanto, essa geração desordenada e irregular, na sua totalidade, na sua profundeza, oculta uma regularidade curiosa e até bonita.

Construa o triângulo dos pontos médios dos lados do triângulo ABC.

> Surpresa ?!
> - *Os pontos estão dispostos em três regiões triangulares independentemente da posição de $P_o$, não existem pontos no triângulo central, só nos três dos cantos* (Fig. I.3)

Muito mais que isso:

> - *em cada triângulo de canto, se os dividirmos novamente em quatro triângulos, pelos pontos médios, não teremos pontos nos triângulos centrais (Fig. I.4). E assim sucessivamente, por mais pontos que sejam marcados pelo algoritmo, e por mais subdivisões que sejam realizadas (Fig. I.5).*

Fig. I.3        Fig. I.4        Fig. I.5

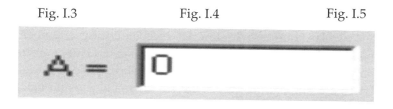

## *Alguns dados supostos curiosos*

Mandelbrot trabalhou na IBM, entre outros, com Berger, Voss e Léwitan. Voss dedicava-se a eletrônica e música, com fenômenos conhecidos como "ruídos $1/f$", e alguns dos seus estudos, como as "montanhas fractais", vieram a ter interesse de estúdios de Hollywood.

Logo em seguida, Lauren Carpenter utilizou, com técnicas fractais, sucessões para alguns filmes famosos, como "Jornada nas Estrelas II" e o "Retorno de Jedi".

Em 1984, surgiram aplicações das árvores fractais, por Alvy Ray Smith, às quais chamou de graftais.

Sentimos, no entanto, necessidade e obrigação, como brasileiro, de lembrarmos o nosso compositor Villa-Lobos, pela sua música fractal, citado em Martin Gardner (1992):

> *since mountain ranges approximate random walks, one can create mountain music by photographing a mountain range and translating its fluctuating heights to tones that fluctuate in time. Villa-Lobos actually did this using mountain skylines around Rio de Janeiro.*

## *E a definição de fractal?*

Inicialmente Mandelbrot usou para definir fractal conceitos de dimensão:

- *um fractal é, por definição, um conjunto para o qual a dimensão Hausdorff-Besicovitch excede estritamente a dimensão topológica.*

É claro que essa "*definição*" recebeu críticas e também não satisfazia ao próprio Mandelbrot. J. Feder (1988) em sua obra considerou como razoável uma caracterização de Mandelbrot para que não fossem excluídos alguns objetos da física considerados fractais:

- *um fractal é uma forma cujas partes se assemelham ao seu todo sob alguns aspectos.*

K. J. Falconer, autor de duas obras importantes sobre fractais (1985 e 1990), sugeriu o entendimento de fractal por caracterizações:

Um conjunto F é fractal se, por exemplo:

- *F possui alguma forma de "autossimilaridade" ainda que aproximada ou estatística;*

- A dimensão fractal, definida de alguma forma, é maior que a sua dimensão topológica;
- O conjunto F pode ser expresso através de um procedimento recursivo ou iterativo.

Nota-se do exposto que o conceito de fractal ainda tem muito a desejar, principalmente no caso de se querer uma definição formal, que caiba ao ser e só ao ser. Entretanto, essa dificuldade não deve ser obstáculo na Educação, à qual pode simplesmente convir uma conceituação simples e de fácil compreensão e entendimento. Bastará considerarmos a autossimilaridade.

## Por que "descobrindo geometria fractal para a sala de aula"?!

A resposta ao questionamento pode ter sido formulada pelo prezado leitor diante da simples leitura deste capítulo introdutório, fixando-se numa justificativa baseada em:

- **conexões** com várias ciências;
- **deficiências** da Geometria Euclidiana para o estudo de formas da natureza, desde que é, em geral, apenas apropriada para formas do mundo oriundas do humano, como construções de casas, prédios, pontes, estradas, máquinas etc.; os objetos naturais são com frequência mais complicados e exigem uma geometria mais rica, que os modela com fractais, possibilitando desenvolver projetos educacionais sobre temas transversais voltados para a compreensão de fenômenos que ocorram nos diversos ambientes;
- **difusão e acesso** aos computadores e a tecnologias da informática nos vários níveis de escolarização;
- **existência** do belo nos fractais e possibilidade do despertar e desenvolver o senso estético com o estudo e arte aplicada à construção de fractais, entendendo-se arte como toda ação que envolve simultaneamente emoção, habilidade e criatividade;
- **sensação** de surpresa diante da ordem na desordem.

Contudo, acreditamos que o professor do ensino fundamental ou médio, ou mesmo do superior, encontrará muitas outras razões e justificativas num rápido crescente ao ler e estudar nosso livro, ainda que modesto, mas julgado trazer consigo nossa pretensão de captar o interesse de professores para a inserção adequada do tema em suas aulas, mesmo que inicialmente em caráter experimental de alguns de seus subtemas.

Assim, temos esperança de que ousamos para o melhor, pois:

- *o capítulo II propicia informações históricas e conhecimentos de algumas famosas figuras do passado, hoje consideradas fractais, que vieram a constituir-se em verdadeiros precursores. A beleza aí já estava presente em diversos desses objetos fractais. O próprio apêndice ao capítulo poderá, se bem explorado, fornecer material relacionado às representações de funções simples do ensino médio.*

- *no capítulo III depositamos forte credibilidade de que nele o professor descobrirá um interessante e variado repertório para criação de fractais, e muito ao nível dos seus alunos. As atividades educacionais sugeridas no capítulo são de fácil execução com recursos elementares da geometria euclidiana e seus instrumentos usuais de construção gráfica (régua, esquadro, transferidor e compasso). Por certo o professor saberá realizar explorações relacionando os elementos constituintes desses fractais com conceitos simples de formas euclidianas. Cremos também que a noção de dimensão fractal, dada no seu apêndice, sirva para suscitar férteis diálogos.*

- *no capítulo IV uma sucessão de atividades explorando fractais está à disposição como aplicação a situações matemáticas comuns tais como: contagem, perímetro, área e volume. Em geral, essas aplicações fazem uso das usuais progressões geométricas, ao nível das primeiras séries do ensino médio. Noções de limite também estão presentes (e por vezes curiosamente) nessas explorações e muito poderão ajudar na sua aprendizagem. As árvores pitagóricas estabelecem oportuna ocasião para se fixar conceitos de semelhança e a velha mas sempre importante relação pitagórica.*

- no capítulo V são abertas algumas portas para o emprego da manipulação de materiais concretos, que arriscamos prever, para o futuro próximo, vir a constituir recurso lúdico-pedagógico até para o 1º e 2º ciclo do ensino fundamental.

- no capítulo VI. demos vazão às nossas preferências pela descoberta de padrões, ressuscitando um tema que havíamos pesquisado, servindo-nos como material inserido em palestra há alguns anos: "padrões no triângulo de Pascal", os quais entendemos atualmente como possíveis fractais. Segue que seu conteúdo, além de se prestar como fixador ou como introdutor das expansões binomiais, seus objetos fractais oferecem, em nosso sentir, lindíssimos visuais.

- quanto ao capítulo VII e último, dedicado aos recursos computacionais, incomparáveis, sentimos que nos superamos ao oferecer aos diversos interesses de leitores e professores uma razoável gama de estudos, programas ou sucessões de passos para a construção de fractais. Esses recursos da informática computacional foram adredemente preparados pelo autor e por colaboradores convidados, especialistas, principalmente em três softwares educacionais, talvez os mais empregados no Brasil em sala de aula: SLOGOW, CABRI-géomètre II e Geometricks. Complementou-se para interessados de outras áreas, que não matemática, também trabalhos em Linguagem C e Java. O capítulo inicia com uma apresentação do software Nfract, anexado ao livro em CD-rom e respectivo tutorial, específico para a construção e ensino do magnífico Conjunto de Mandelbrot e dos Conjuntos de Julia. Caso isso tudo não bastar para convencer o prezado leitor, acrescentou-se, com base no chamado Jogo do Caos, que marcou presença no capítulo I, programas em SLOGOW para se obter fractais surpreendentemente maravilhosos pelas suas curiosas construções!

Finalmente cremos que este livro seja útil, possibilitando não só a descoberta e o estudo dos fractais, e seu uso na sala de aula, mas como fonte de pesquisa para a Educação Matemática.

Agradecemos a todos que, interessados pelo tema e obra, venham nos obsequiar honrando-nos com suas críticas amigas, sugestões e indicações de falhas, enganos e por ventura erros que tenhamos cometido.

*Abril de 2002*

Capítulo II

# Aprendendo famosos fractais precursores

No capítulo precedente vimos que Benoit Mandelbrot, em 1975, criou a denominação FRACTAIS; entretanto objetos ou figuras satisfazendo condições para que assim fossem chamados precederam há muitos anos sua inclusão nessa classe.

Curiosamente esses entes da matemática devem ter contribuído para a criação de Mandelbrot, em geral propostos por matemáticos, de notável projeção científica, com finalidades diversas. Parece-nos, contudo, constituindo verdadeiros "monstros matemáticos", devido a suas características e resultados inusitados. Alguns deles permanecem como "belas" exemplificações do conceito, não só pela posição precursora, mas sobretudo, talvez, pelas extensões ou generalizações possíveis.

Para este capítulo selecionamos para o leitor vários desses "monstros" ou "entes patológicos", ainda que tratados com pesos diversos de investigação, expostos na tentativa de informar e aclará-los suficientemente. A ordem escolhida para a apresentação é apenas cronológica, para dedicarmos um pouco mais de atenção ao estudo do primeiro fractal.

Ao final do capítulo, trataremos um pouco das pesquisas de dois franceses: Fatou e Julia, do início do século passado, que serviram de apoio matemático a Mandelbrot ao seu magnífico e famoso conjunto, sendo, portanto, também precursores.

## A – Conjunto de Cantor

### ▸▸ *Cantor*

Georg Cantor (1845-1918), matemático descendente de portugueses, nascido na Rússia, adotou nacionalidade alemã, foi professor da Universidade de Hale, dedicou muito de seus estudos em pesquisas relativas à fundamentação da matemática, principalmente no tocante à parte hoje conhecida como Teoria dos Conjuntos. Foi Cantor o primeiro matemático a estudar, ao final do século XIX, essa teoria. O possível desenvolvimento dessa teoria não foi gerado diretamente pelo interesse de matemáticos como Dedekind, Kronecker, Frege, Russell e outros em tentar responder problemas centrais da natureza dos números, mas pelas pesquisas de Cantor, por volta de 1870, na teoria das séries infinitas e tópicos de análise, por exemplo. Daí, talvez, a consideração de Cantor como fundador da Teoria dos Conjuntos como um ramo importante da matemática.

Um dos trabalhos de Cantor mais familiar a nós brasileiros foi, talvez, *Contribution to the founding of the Theory of Transfinite Numbers (traduzida pela Dover em 1915)*.

Cumpre-nos anotar, como bem o fizeram meus amigos Izar e Tadini (1998), que a "Teoria dos Conjuntos" introduzida por Cantor era ingênua, intuitiva e não axiomática, mas que proporcionou à Matemática uma linguagem universal, tendo despertado a atenção por suas vantagens contidas e, então, não poderia ser expurgada e, sim, formalmente desenvolvida, rigorosamente axiomatizada. Zermello, em 1908, deu início a esse desenvolvimento; mas só com o sistema de Zermello/Fraenkel se encontra a mais adequada reprodução das ideias de Cantor, de onde a matemática oriunda passou a ser denominada cantoriana.

Cremos valioso a todo professor citarmos que é de sua autoria um famoso paradoxo conhecido como *"Conjunto de todos conjuntos"*, que trouxe como consequência, por exemplo, o usual conjunto universo, localizando o conjunto onde se trabalha.

## Construção

Cantor, 1883, publicou um trabalho no qual é construído um conjunto, chamado hoje *"Conjunto de Cantor"* (às vezes *"Polvo de Cantor"* ou *"Poeira de Cantor"*), como exemplo de conjunto excepcional, um dos "monstros matemáticos":

1. Considerar um segmento de reta (*);
2. Dividir o segmento em três partes iguais e eliminar a central;
3. Repetir a construção 2 em cada segmento e, assim, sucessivamente e indefinidamente (**).

Fig. II-1

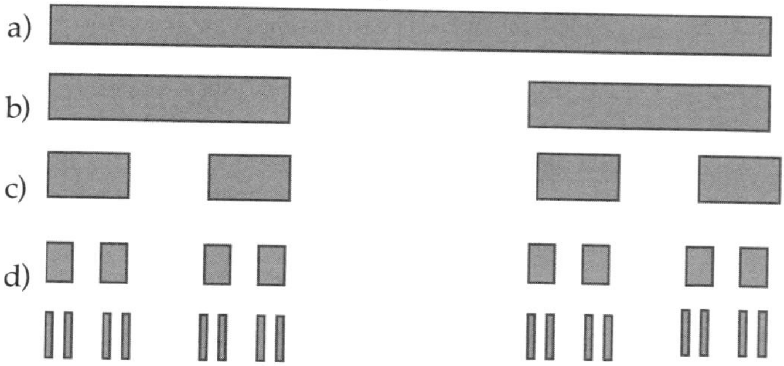

(*) Para melhor visualização demos uma certa espessura ao segmento.

## O conjunto númerico de Cantor

Consideremos o segmento de reta inicial com extremos 0 e 1, isto é, o seu conjunto de pontos correspondendo ao intervalo fechado [0, 1].

Na fase b) teremos dois intervalos fechados: [0, 1/3] e [2/3, 1]; e em c) teremos quatro: [0, 1/9], [2/9, 3/9], [6/9, 7/9] e [8/9, 9/9] ou: [0, 1/9], [2/9, 1/3], [2/3, 7/9] e [8/9, 1]

Na fase d) teremos oito intervalos fechados:

[0,1/27], [2/27,1/9], [2/9,7/27], [8/27,1/3], [2/3,19/27], [20/27,7/9], [8/9,25/27] e [26/27, 1] e assim sucessivamente.

## Mas, afinal, qual é o conjunto de Cantor?

A resposta, em linguagem simples, poderia ser: – *É o conjunto de pontos (números) que permanecem após as infinitas fases.*

Observando os 4 pontos extremos dos intervalos da fase b), ou os oito pontos extremos da fase c), que conservam os 4 anteriores, ou os 16 pontos extremos da fase d), que conservam os oito anteriores, somos induzidos a aceitar que os pontos extremos pertencem ao conjunto final.

## Seria enumerável o Conjunto de Cantor?!

Talvez, após uma rápida análise da constatação anterior, verifica-se que todos esses pontos extremos permanecem e que são relacionados por denominadores potências de 3. Poderá o leitor ser tentado a afirmar que todos pontos do conjunto de Cantor são dessa espécie, isto é, um ponto extremo de um dos pequenos intervalos gerados no processo. Em consequência o conjunto seria enumerável; aliás, a enumeração poderia ser facilmente realizada passo a passo.

Na fase inicial os pontos 0 e 1 poderiam ser considerados pontos 1 e 2:

Na fase b) os pontos 1/3 e 2/3 poderiam ser enumerados 3 e 4, e analogamente na fase c) teremos mais quatro pontos 5, 6, 7 e 8, conforme a indicação a seguir:

1      5      6      3            4      7      8      2

e assim, sucessivamente, na fase k enumeramos mais $2^k$ pontos, obtendo o total de $2^{k+1}$ pontos.

Porém essa inferência estaria errada pois o conjunto de Cantor *não é enumerável*.

Além dos pontos extremos dos intervalos (dos segmentos) existem pontos do conjunto cujos denominadores não são potências de 3, é o caso por exemplo de 1/4, 3/4, 9/13 e 11/12 para nos referirmos apenas a alguns. Segue então que o "Polvo ou Poeira de Cantor" de visual pouco atraente, contém em si uma excepcionalidade monstruosa, tornando-o um tanto contraditório, além de possuir outras propriedades curiosas, como ser infinitamente poroso.

Pode-se demonstrar que o conjunto de Cantor não é enumerável; sugerimos por exemplo a obra de Gúzman et alii (1993). Nós procuraremos utilizar uma via julgada interessante, a de uma codificação, que possibilitará, por exemplo, atividades educacionais instrutivas.

## *Codificando um ponto*

Associamos a cada ponto do Conjunto uma sucessão codificada com os símbolos E (de esquerda) e D (de direita). Em qualquer fase n, atribuímos ao termo da sucessão de ordem n, ou o símbolo E se o ponto pertencer ao intervalo terço da esquerda, ou o símbolo D se o ponto pertencer ao intervalo terço da direita.

### Exemplos

a) Pontos extremos dos dois segmentos terços iniciais.

1) Ponto 1/3

O termo da sucessão de ordem zero será E desde que o ponto pertence ao segmento da esquerda na fase inicial (zero). O segundo termo da sucessão será D, pois o ponto pertence ao segmento da direita na fase 1. O mesmo acontece para o termo da sucessão de ordem 2, e assim sucessivamente a sucessão continua com símbolos D.

Sucessão EDDD...ou E$\overline{D}$, em notação análoga à das dízimas periódicas com um traço horizontal sobre símbolo que se repete indefinidamente.

2) Ponto 2/3

Sucessão codificada : DEEE... ou D $\overline{E}$

3) Pontos 0 e 1

Sucessões codificadas: $\overline{E}$ ou $\overline{D}$

b) Outros pontos extremos

Ponto 1/9 - Sucessão: E E $\overline{D}$ Ponto 2/9 - Sucessão: E D $\overline{E}$

Ponto 7/9 - Sucessão: D E $\overline{D}$ Ponto 8/9 - Sucessão: D D $\overline{E}$

## Investigando as sucessões codificadas

Observando as várias sucessões codificadas de pontos extremos, verifica-se que todas terminam com cadeia de um só símbolo repetido indefinidamente.

Reciprocamente observa-se que toda sucessão codificada com uma cadeia final constituída pela repetição indefinida de um só símbolo endereça um só ponto extremo, pois a cadeia que antecede a cadeia repetitiva determina sucessivamente os vários segmentos a que pertence, e a cadeia final localiza ou o ponto extremo da esquerda ou o ponto extremo da direita de todos segmentos correspondentes indefinidamente.

Surge-nos então a indagação:

- *E se a sucessão não possui a cadeia final com um só dos símbolos repetidos indefinidamente?*

É claro, então, que sucessões dessa espécie endereçam a pontos não extremos, o que tentaremos elucidar, exibindo por enquanto duas sucessões dessa espécie:

E D E D E D.... (ou $\overline{E D}$ ) e D E D E D E... (ou $\overline{D E}$) que obviamente não endereçam pontos extremos, desde que sucessivamente e alternadamente conduzem a ponto de segmento da esquerda e da direita.

Procuraremos a seguir mostrar como descodificar as sucessões substituindo-as equivalentemente por endereçamentos numéricos. Para isso reescrevamos os pontos extremos dos intervalos nas diversas fases. Porém, simplesmente só com os numeradores, desde que seus denominadores sejam potências de 3.

| Fase | Extremos (numeradores) | denominador |
|---|---|---|
| 0 | 0————————————1 | 1 |
| 1 | 0————1  2————3 | 3 |
| 2 | 0———1 2———3 6———7 8———9 | $3^2$ |
| 3 | 0-1  2-3  6-7  8-9  18-19  20-21  24-25  26-27 | $3^3$ |

Para facilitar a explicação, consideremos sucessões codificadas mas apenas até o terceiro símbolo (e indicando com Q a cadeia a partir do quarto termo); e analisaremos como passar ao endereçamento numérico.

É claro que inicialmente $0 \leq x \leq 1$.

a) Seja a sucessão D E D Q

Temos que D fornece o valor numérico x do intervalo $2/3 \leq x \leq 3/3$ ou que D aumenta ao extremo inferior do intervalo o valor $2/3$.

O símbolo E fornece o valor x do intervalo $6/9 \leq x \leq 7/9$ (equivalente a $2/3 \leq x \leq 7/9$) ou que E não modifica o extremo inferior do intervalo anterior.

O próximo D fornece o valor x no intervalo $20/27 \leq x \leq 21/27$, equivalente a $6/9 + 2/27 \leq x \leq 21/27$, ou que D acrescenta ao extremo inferior do intervalo anterior o valor $2/27$.

b) Seja a sucessão E E D Q

Novamente temos inicialmente $0 \leq x \leq 1$.

O símbolo E localiza o valor x em $0/3 \leq x \leq 1/3$, ou que E não acrescenta valor ao extremo inferior do intervalo. O segundo símbolo E localiza x em $0/9 \leq x \leq 1/9$, ou que E novamente não acrescenta valor ao extremo inferior do intervalo anterior. Agora, o símbolo D localiza o valor x em $2/27 \leq x \leq 3/27$, ou que D acrescenta ao extremo inferior do intervalo anterior o valor $2/27$.

Ora, nas duas sucessões exemplos, e em qualquer outra codificada, temos a seguinte interpretação para substituição equivalente dos símbolos por valores numéricos:

- o símbolo E nada acrescenta (ou acrescenta o valor zero) ao extremo inferior do intervalo anterior mas reduz o extremo superior na escala 1/3;

- o símbolo D acrescenta ao extremo inferior do intervalo anterior o valor 2 dividido pela potência de 3 correspondente ao seu lugar na sucessão codificada, e não altera o extremo superior.

Segue que podemos substituir uma sucessão codificada por uma adição, onde cada parcela:

- tem o denominador igual à potência de 3 correspondente à ordem do símbolo na sucessão;

- tem o numerador nulo se o símbolo é E ou numerador 2 se o símbolo é D.

ILUSTRAÇÕES

a) Sucessão da primeira espécie: E D D $\overline{\text{E D}}$

Endereçamento numérico: $0/3 + 2/3^2 + 2/3^3 + 0/3^4 + 2/3^5 + 2/3^6 + 2/3^7 + ...$

Ponto extremo: $(2/9 + 2/27) + 2/3^5(1 + 1/3 + 1/3^2 + ...)$
$= 8/27 + 2/3^5[1/(1 - 1/3)] = 8/27 + 1/81 = 25/81$

b) Sucessão da primeira espécie: D D E $\overline{\text{D E}}$

Endereçamento numérico: $2/3 + 2/3^2 + 0/3^3 + 2/3^4 + 0/3^5 + 0/3^6 + ...$

Ponto extremo: $74/81$

c) Sucessão de segunda espécie: $\overline{\text{E D}}$

Endereçamento numérico: $0/3 + 2/3^2 + 0/3^3 + 2/3^4 + 0/3^5 + 2/3^6 + ...$

Ponto não extremo: $(2/3^2)(1 + 1/3^2 + 1/3^4 + ...)$

$= (2/9) [1/ (1-1/9)] = (2/9) (9/8) = 1/4$

d) Sucessão de segunda espécie: $\overline{D\,E\,E}$

Endereçamento numérico: $2/3 + 0/3^2 + 0/3^3 + 2/3^4 + 0/3^5 + 0/3^6 + 2/3^7 + ...$

Ponto não extremo : $(2/3) ( 1 + 1/3^3 + 1/3^6 + 1/3^9 + ...)$
$= (2/3) [1/(1/1/27)] = (2/3) (27/26) = 9/13.$

NOTAS: Outras sucessões codificadas de segunda espécie podem ser construídas facilmente, por exemplo, acrescentando-se à esquerda das duas anteriores uma cadeia finita de símbolos E ou D. Por outro lado, o número dessas de segunda espécie é infinito; vejamos algumas: DEDDEDDDEDDDDE..., DEDDEEDDDEEE..., $\overline{DED}$, $\overline{EDE}$, $\overline{DDE}$, $\overline{EDD}$ etc.

*Mas, esperem um pouco! É o conjunto de Cantor de fato precursor fractal?*

Ora, basta verificarmos a existência da autossimilaridade, que julgamos ser intuitiva ao leitor; entretanto, vamos raciocinar juntos um pouco. Procure acompanhar o argumento modelador seguinte:

Suponha ter a lista de todas sequências codificadas dos pontos do conjunto de Cantor.

Escreva-a colocando E no começo de cada uma e escreva-a novamente colocando D. Isto corresponde a reduzir os pontos do conjunto por um fator 3. O conjunto de pontos da primeira lista pertence ao intervalo de extremo inferior igual a zero e a segunda ao intervalo de extremo inferior igual a 2/3. Em outras palavras, o conjunto total obtido é o próprio conjunto de Cantor outra vez, daí a similaridade. No caso intuitivo, observa-se em geral os aspectos geométricos de uma sucessão qualquer de níveis do conjunto de Cantor a partir de um nível arbitrário, que se identifica com a sucessão completa de níveis.

SUGESTÕES: *O leitor interessado em considerações matemáticas sobre o Conjunto de Cantor voltadas para aspectos teóricos poderá consultar a obra de Asperti/Mercury (1981), que cuida, por exemplo, nas páginas 14-21, das propriedades: não é vazio, totalmente desconexo, não possui pontos isolados; ou então Lipschutz (1971), que esboça também um tratamento dos pontos do conjunto numa expansão decimal com base 3, correspondente ao que chamamos e desenvolvemos em endereçamento numérico.*

## B – Curva de Peano

▸▸ *Peano*

Giusepe Peano, italiano, nasceu em Cuneo (1858) e faleceu em Turim (1932). Foi professor da Academia Militar de Turim (onde trabalhou Joseph Louis Lagrange por volta de 1755), com enorme contribuição à Matemática, principalmente relacionada às preocupações dos grandes matemáticos da época. Dessa forma, com certeza lembrará o leitor da sua famosa axiomatização para os números inteiros (positivos).

Entre seus trabalhos citamos apenas alguns, cujo prezado leitor entenderá, desde que justifiquemos, observando que o volume I– parte primeira da Enciclopédia de Matemática italiana traz cerca de quatro dezenas de referências a Peano, e o volume II– parte segunda traz aproximadamente uma centena: *Aplicaciones geometricas del Calculo Infinitesimal,* 1887; *Teoria Axiomatica,* 1889; *Arithmetices Principia – Nova methodo exposita,* 1889; *Lezione di Analisi Infinitesimal,* 1893 e *Formulaire Mathematique,* 1895 (quatro edições em francês e uma em 1908 em latim).

Felizmente, temos uma cópia de sua *Arithmetices Principia,* onde observamos o alto nível de precisão e rigor lógico, quando não só utiliza símbolos lógicos, mas introduz vários, alguns ainda empregados.

Seus trabalhos, utilizando notações e rigor da lógica, surpreenderam os matemáticos contemporâneos. Parece-nos que foi talvez um dos primeiros a dar uma definição formal de espaço vetorial.

Em 1890, tratando do aprofundamento das noções de continuidade e dimensão, publica a sua famosa curva, outro monstro matemático, proposta como cobrindo totalmente uma superfície plana quadrangular: - *"Sur une courbe qui remplit toute une aire plaine"*, Mathematische Annalen 36, 1890, p. 157-160; a qual será nosso objeto de estudo.

O *"monstro de Peano"* tem recebido várias citações surpreendentes, por exemplo do russo Vilenkin : *"Ele faz aparentar que tudo estaria em ruína, que todo conceito matemático tenha perdido seu significado"*; ou do francês Dieudonée: *"Alguns objetos matemáticos como a curva de Peano são totalmente não intuitivas [...], extravagantes"*. Mandelbrot, no entanto, comenta que essas citações apenas indicaram pouco cuidado ao examinar a curva e deficiência de imaginação geométrica, assegurando que torna-se muito difícil não associá-la com diversos aspectos da natureza. Permitimo-nos complementar que essas estruturas patológicas, criadas para perturbar bases matemáticas, foram importantes para o relacionamento de uma nova geometria com a natureza.

## *Construção*

1- Iniciamos com um segmento de reta (Fig. II- 2),
2- Substituímos por uma curva de nove segmentos, conforme indicado na Fig. II- 3, portanto em escala 1/3.
3- Substituímos cada segmento anterior pela curva de nove segmentos (Fig. II-4), e assim sucessivamente.

NOTA: Para facilidade de visualização da curva arredondamos um pouco os cantos nas figuras 3 e 4 (a rigor são pontos de interseção de segmentos perpendiculares), o que permitirá também percorrê-la.

Fig. II-2

Fig. II-3

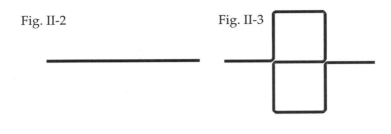

Fig. II-4

Fig. II-5

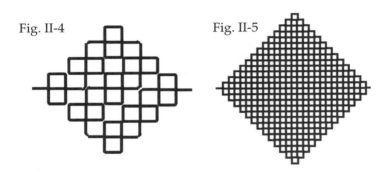

Observando a Fig. II-3 verifica-se a existência de dois quadrados; e 32 na Fig. II-4. Continuando a iteração, novamente substituindo cada segmento da Fig. II-4 pela curva de nove segmentos, teremos a Fig. II-5, com 338 pequenos quadrados.

Constata-se que a curva vai preenchendo uma região quadrada cuja diagonal é dada pelo segmento inicial. A área dessa região quadrada, caso o segmento inicial tenha medida 1, será dada por $A = L^2 = (1/\sqrt{2})^2 = 1/2$.

O comprimento da curva de Peano é de fácil cálculo: ao início temos o próprio segmento, logo é 1. Na fase seguinte o comprimento será dado pela soma das medidas dos nove segmentos, isto é: $9.1/3 = 3$; na fase 2 cada um dos 9 se transforma em 9 outros segmentos, teremos portanto $81 \times 1/9 = 9 = 3^2$; na fase 3 teremos 81 x 9 = 729 segmentos de medida 1/27, portanto o comprimento será igual a 729 x 1/27 = 27 = $3^3$.

Em resumo, os sucessivos comprimentos da curva de Peano serão dados pelas potências de 3, com expoentes iguais à ordem da iteração. Logo ao aumentar a ordem da iteração, o comprimento da curva aumenta indefinidamente multiplicando pelo fator 3, tendendo ao infinito.

Um ponto importante a discutir é se de fato a curva cobre todos os pontos da região, onde se entende que a curva cobre um ponto se e só se o ponto pertence à curva; sugerimos considerar um sistema de eixos cartesianos com origem na origem da curva de Peano e o eixo das abscissas dado pelo próprio segmento. Na iteração de ordem k, a curva estará cobrindo pontos da superfície com abscissas dadas por racionais de denominadores $3^k$ decrescendo em 1/3 na ordem seguinte. Fato análogo pode ser visto para ordenadas. Em consequência, a superfície de cada quadradinho gerado pela curva tende a zero. Isto induz à confirmação de que a curva cobre todo ponto da superfície. Entretanto, esses pontos são todos de abscissas racionais, então seriam cobertos pontos de abscissas irracionais?! Influenciaria para a aplicação do fractal a um objeto da natureza a resposta à questão anterior se estes trabalham com aproximações?!

## *Construção alternativa*

A construção a seguir é mais simples e de fácil utilização em sala de aula. Contudo, ela é proposta para cobrir um triângulo retângulo isósceles (metade do quadrado anterior): 1– Iniciar com segmento de reta (Fig. II-6); 2- Substituí-lo por três segmentos, cada um metade do inicial, sendo um perpendicular no ponto médio do inicial; a rigor entendido como curva, este segmento é considerado nas suas duas orientações (observar Fig. II-7 e 8); 3- Substituir cada segmento pela construção dada em n.2 (Fig. II-9) e assim sucessivamente.

Fig. II-6, 7, 8 e 9

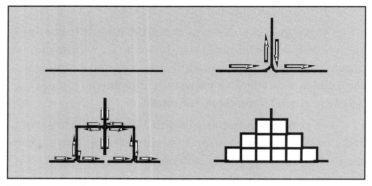

NOTA: Nas figuras 7 e 8 arredondamos um pouco os cruzamentos para facilitar a visualização.

## C – Curva de Hilbert.

▶▶ *Hilbert*

David Hilbert nasceu próximo a Königsberg (*) (da antiga Prússia), em 1862, e faleceu em 1943. Brilhante, obteve seu doutorado em 1885. Convidado por Félix Klein, transferiu-se para a Universidade de Göttingen, onde trabalhou até 1930 encerrando sua atividade acadêmica.

Sua maior contribuição à Matemática foi relativa à abordagem axiomática da geometria euclidiana, tornando-o o principal representante do formalismo que procura retirar da matemática qualquer conotação intuitiva, nas quais suas asserções formais não têm qualquer significado até que aos seus termos são dadas interpretações do mundo real.

Destacamos sua obra *Grundlagen* (**) *der Geometrie,* Leipzig, 1899.

Em 1891 coloca a público sua curva de cobertura da superfície de um quadrado, apresentada preliminarmente num encontro em Bremen: *"Ueber Stetide Abbildung einer Linie auf* *ein Flächenstück",* Mathematiche Annalen, 38 (1891) 459-460. (***); artigo este que inicia citando a curva de Peano de 1890.

(*) A cidade das sete pontes do problema de Euler

(**) Pode ser entendido como Fundamentos

(***) Cópias de suas duas páginas podem ser encontradas às páginas 110-111 de PEITGEN et alii (1992).

## Construção

1- Considerar um quadrado e dividi-lo em quatro quadrados, dando início à curva com 3 segmentos consecutivos com extremos nos seus pontos centrais;

2- Substituir cada quadrado por novos 4 quadrados com a mesma construção da curva iniciadora, conectando cada curva parcial com um segmento na mesma ordem dos anteriores, e proceder assim sucessivamente.

Fig. II-10, 11, 12 e 13

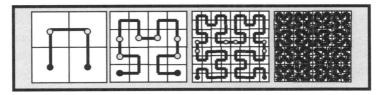

O leitor deve ter notado que deve fazer as conexões da curva de maneira que as 4 curvas parciais anteriores fiquem conectadas na mesma disposição inicial: quadrado 1-1 (esquerdo -inferior), quadrado 1-2 (esquerdo-superior), quadrado 2-2 (direito-superior) e 2-1 (direito-inferior), o que obriga que no quadrado do canto esquerdo inferior se tenha sempre uma rotação da curva do nível anterior de 90° para a direita. Ao passar para o quadrado 1-2 (o de cima), rotacione de 90° para a esquerda o de baixo. Para os quadrados 2-2 e 2-1, faça uma simetria reflexional dos quadrados da esquerda. Convém observar que com esses cuidados a origem e a extremidade da curva sempre ocuparão respectivamente o canto esquerdo e o canto direito inferiores.

A autossimilaridade pode ser verificada de maneira simples em qualquer um dos quatro quadrados em qualquer estágio, onde a curva é semelhante à curva total reduzida de um fator igual a alguma potência de 1/4.

## D – Curva de Koch

### ▸▸ *Koch*

Pouco é conhecido da vida de Helge Von Koch, matemático polonês, que em 1904 e 1906 introduziu uma curva que hoje recebe o seu nome:

- *Sur une courbe continue sans tangente, obtenue par une construction géomètrique élèmentaire.* In: Arkiv für Mathematik 1 (1904), 681-704;

- *Une methode géomètrique élèmentaire pour courbes planes,* In: Acta Mathematics 30 (1906) 145-174.

Contudo, além de ser sua curva um belo exemplo de curva sem tangente, ela pode ser modificada com outras construções análogas e deve ter influenciado bastante Mandelbrot, pois tem muito de uma linha costeira. O leitor observará, após examiná-la, que é passível de objeção, desde que seria no sentido clássico uma função a mais de uma imagem para seus pontos.

### *Construção*

1- Considerar um segmento de reta;
2- Dividir o segmento em 3 segmentos iguais, substituindo-os por 4 congruentes; intermediário, por um triângulo equilátero sem o segmento intermediário (que seria sua base);
3- Substituir cada um dos segmentos conforme a regra 2, e assim sucessivamente e iterativamente.

Fig. II-14, 15, 16 e 17

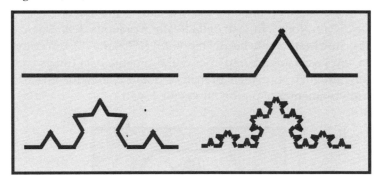

Segue que a curva de Koch é outra curva gerada fazendo cópias de cópias. É claro que da construção resulta a autossemelhança, bastando por exemplo escolher numa determinada fase um segmento a ser substituído e observar que ele gerará a seguir uma curva semelhante à curva completa de Koch; a escala de redução adotada será dada por uma potência de 1/3.

## *Ilhas de Koch*

Iniciando com um polígono regular e construindo sobre cada lado a sua curva de Koch, teremos o que se chama Ilha de Koch.

Merece especial atenção a figura obtida a partir do triângulo equilátero, que aparenta um floco de neve, uma formação cristalina, daí ser denominado "Floco de Neve".

Fig. II-18, 19 e 20

Na figura II-21 procuramos seguir a ideia utilizada por Ernest Césaro, encontrada em seu trabalho "*Remarque sur la courbe de von Koch*", In: Atti della Realle Academia della Scienza Fisiche e Mathematiche, di Napoli XII (1905) p. 1-12; uma figura, em nosso julgamento, maravilhosamente bela (inicia com um hexágono regular em branco, o "oceano" ao redor em cinza e internamente em preto o "floco" de Koch).

Fig. II-21

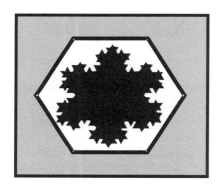

NOTA: Julgamos conveniente para os leitores, que não tiveram oportunidade de observar, que os "esqueletos cristalinos" dos cristais de neve sempre possuem formação hexagonal, e é interessante verificar que não existem formações rigorosamente idênticas nos flocos de neve, todas possuem diferenças entre si; nota-se triângulos retângulos reflexionados nos 6 eixos de simetria.

Fig. II-22          Fig. II-23

## E – Curva, triângulo e tapete de Sierpinski

▸ *Sierpinski*

Waclaw Sierpinski (1882-1969), matemático polonês, foi professor em Lvov e Wariaw. Teve grande reputação, principalmente na década 1920-1930, a ponto de uma das crateras lunares ter o seu nome.

Em 1916 Sierpinski apresentou um dos famosos "monstros" em seu trabalho: "*Sur une courbe cantorienne qui content une image biunivoquet et continue de toute courbe donnée,* Comptes Rendus de l'Academie des Sciences de Paris, 162 (1916) p. 629-632", que complementava uma sua publicação anterior de 1915.

Destacamos ainda sua obra "*Leçons sur les nombres transfini",* publicada em 1928.

### Construção da curva

1- Considerar um segmento de reta e o triângulo equilátero tendo esse segmento por lado:

2- Substituir o segmento por uma poligonal de 3 segmentos formando os 3 lados de um trapézio isósceles com vértices nos extremos do segmento inicial e nos pontos médios dos outros dois do triângulo;

3- Substituir cada segmento anterior por 3 segmentos conforme a ação 2, em cada um dos 4 triângulos equiláteros de vértices nos pontos médios, com exceção do central;

4- Repetir sucessivamente a ação 3.

O leitor observará que a origem e extremidade final da curva são invariantes.

Um procedimento julgado facilitador é o seguinte:

Em cada nova fase dividir cada triângulo (exceto o central) em novos 4 triângulos, e

a) usar a figura da fase anterior, em escala reduzida em 1/3, no triângulo do canto esquerdo inferior, rotacionada para a direita de 120°;

b) usar no triângulo superior a figura anterior;

c) usar no canto direito inferior a figura da fase anterior rotacionada para a esquerda de 120°, correspondendo a aplicar uma reflexão à figura do canto esquerdo inferior.

Fig. II-24, 25, 26 e 27

## O triângulo de Sierpinski

Continuando a construção da curva de Sierpinski com novos estágios verificar-se-á que vão sendo cobertos sucessivamente triângulos equiláteros dos sucessivos 3 cantos, excetuando-se os triângulos equiláteros centrais; segue, então, o que é denominado Triângulo de Sierpinski.

### Construção

1- Considerar inicialmente um triângulo equilátero;

2- Marcar os segmentos dos pontos médios formando 4 triângulos equiláteros;

3- Eliminar (remover) o central, o que pode ser codificado por exemplo, com cor preta e os outros com uma cor cinza;

4- Repetir em cada um dos triângulos não eliminados as construções 2 e 3;

5- Repetir a operação 4 sucessivamente.

Fig. II-28, 29, 30 e 31

## Codificação para o Triângulo de Sierpinski

É possível codificar cada subtriângulo do Triângulo de Sierpinski à imagem da codificação realizada para o conjunto de Cantor, associando uma sucessão com três códigos de endereçamento: E- subtriângulo da esquerda, D- subtriângulo da direita e S- subtriângulo superior.

Fig. II-32, 33, 34 e 35

Assim, a sucessão DDES endereça sucessivamente subtriângulos indicados com preto nas figuras acima, até o nível 4.

Reciprocamente, ao subtriângulo em preto da figura ao lado, do nível 3, corresponde a sucessão ESD.

Fig. II-36

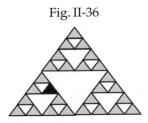

Nota-se no entanto, que para vértices, em geral a sucessão não é única; por exemplo para o vértice indicado na F. II-37, temos as sucessões

Fig. II-37

ou

$SS\bar{D}$

$SD\bar{S}$

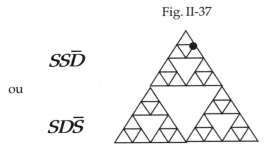

## Tapete de Sierpinski

Pode-se aplicar a mesma técnica de eliminação (remoção) usada no Triângulo de Sierpinski, partindo de um quadrado, dividindo-o em 9 pequenos quadrados congruentes, e eliminando o central. Em seguida, aplicar esse mesmo procedimento em cada um dos 8 quadrados restantes, e assim sucessivamente e iterativamente. O resultado que se obtém após algumas iterações já é surpreendentemente bonito e conhecido como Carpete de Sierpinski (ou Tapete de Sierpinski).

Fig. 38, 39, 40 e 41

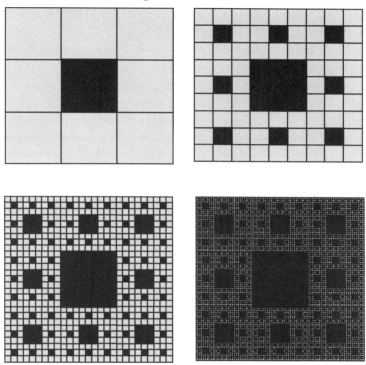

## F- Fatou e Julia

Do período da primeira grande guerra, dois franceses Pierre Fatou (1878-1929) e Gaston Julia (1893-1978) merecem ser lembrados pelos seus trabalhos (*), ainda que em pesquisas não conjuntas. Seus resultados forneceram as bases matemáticas para Mandelbrot, que soube aproveitá-los e desenvolvê-los com recursos computacionais para seu conjunto conhecido hoje como Conjunto de Mandelbrot e os famosos Conjuntos de Julia, pois esses estavam completamente esquecidos.

Em particular, é digno de se narrar que Julia, servindo como soldado, infelizmente foi gravemente ferido, perdendo seu nariz. Consta que sua pesquisa foi desenvolvida quando internado num hospital, resultando no seu principal trabalho publicado de 199 páginas, apenas com 25 anos.

A contribuição se deu em sistemas dinâmicos complexos, com o estudo de iterações de funções.

Em resumo, estudaram o que acontece com a imagem no plano complexo quando se aplica iteradamente a transformação $f(z) = z^2 + c$, para um z complexo inicial e c, complexo constante. Permitimo-nos lembrar ao leitor, para seu melhor entendimento, que se iniciando com um $z_o = a_o + i b_o$, cada iteração corresponde a partir de um $z_n$ (n = 0,1,2,3,....) determinar o seguinte $z_{n+1}$ dado por $z_{n+1} = (z_n)^2 + c$. Assim, se $z_n = a_n + i b_n$ e c = $c_1 + i c_2$ a iteração, com $i^2 = -1$, equivale a determinar $a_{n+1} = (a_n)^2 - (b_n)^2 + c_1$ e $b_{n+1} = 2 a_n b_n + c_2$. Esse estudo cuida principalmente das chamadas *órbitas* e *pontos fixos atratores e repulsores* (Ver notas abaixo).

(*) FATOU, P. *Sur les équations functionelles,* Bull. Soc. Math. de France, 47, 1919, p.161-271; 48, 1920, p. 33-94.

JULIA, G. *Sur´l´iteration dês functions rationelles,* Journal de Math. Pure et App., 8, 1918, p. 47-245.

## *Notas complementares sobre iteração*

Com o intuito de tentar esclarecer um pouco o leitor não familiarizado com processos iterativos, discorreremos, a seguir, um pouco sobre iterações com funções de variável real, tentando dotá-lo pelo menos de uma pequena ideia quando se trata de variável complexa.

**Iteração: órbita, ponto fixo, atrator e repulsor**

1) Seja para exemplificar a função $f(x) = \sqrt{x}$. ($x \geq 0$)

Tomando o valor inicial $x_o = 81$ teremos $f(81) = \sqrt{81} = 9$; e calculando a imagem do resultado de 81 encontramos $f^2(81) = f[f(81)] = f(9) = \sqrt{9} = 3$, e sucessivamente $f^3(81) = f\{f[f(81)]\} = f(3)$ =1.732050.... Continuando essa *"iteração"* (processo repetitivo) teremos sucessivamente $f^4(81) = \sqrt{\sqrt{\sqrt{\sqrt{81}}}} = 1{,}316074...$, $f^5(81) =$

$\sqrt{\sqrt{\sqrt{\sqrt{\sqrt{81}}}}} = 1.147202...$, $f^6(81) = \sqrt{\sqrt{\sqrt{\sqrt{\sqrt{\sqrt{81}}}}}} = 1.071075...$, $f^7(81) = 1,034927...$, $f^8(81) = 1.017313...$, $f^9(81) = 1.008619...$, $f^{10}(81) = 1.004300...$ etc., valores que se aproximam cada vez mais de 1. Analogamente, se iniciamos com 0,1 por exemplo, teremos os valores das iterações dados por $f(0.1) = 0.316227...$, $f^2(0.1) = 0,5612340...$, $f^3(0.1) = 0,749893...$, ... $f^{10}(0.1) = 0.997753...$, $f^{11}(0.1) = 0.9988775...$, $f^{12}(0.1) = 0.999437...$, etc., aproximando-se também de 1. Desde que $f(1) = \sqrt{1} = 1$, dizemos que x= 1 é ponto fixo, e pelos resultados anteriores que é ponto fixo *atrator*. O ponto x = 0 é também ponto fixo. As duas sucessões de valores recebem o nome de *órbitas* respectivamente de 81 e de 0,1.

2) Função $g(x) = 2x - 1$ ( x real)

Para ponto fixo deveremos ter necessariamente $2x - 1 = x$, de onde a existência do ponto fixo x = 1. Consideremos então valor inicial x = 1.1, perto e maior que o ponto fixo.

Teremos $g(1.1) = 1.2$, $g^2(1.1) = g(1.2) = 1.4$, $g^3(1.1) = g(1.4) = 1.8$, $g^4(1.1) = 2.6$, $g^5(1.1) = 4.2$, .... $g^8(1.1) = 26.6$, ..., que nos mostra que $\lim g^n(1.1) = \infty$, para $n \to \infty$; dizemos então que o ponto fixo 1 é *repulsor* para x>1.

Analogamente teremos $\lim g^n(0.9) = -\infty$, para $n \to \infty$; ou que, novamente o ponto fixo é *repulsor* para x < 1.

3) Função $h(x) = (x + 1)/2$ (x real).

Encontra-se novamente o ponto fixo único x = 1, entretanto agora será *atrator*.

4) Função da forma quadrática $w(x) = x^2 + c$ (x real, c constante)

Deveremos ter para ponto fixo $x^2 - x + c = 0$, de onde o descriminante $\Delta = 1 - 4c$.

4.1- Ora, se $c > 1/4$ então $\Delta < 0$, logo não se terá ponto fixo, o que significa que a parábola fica inteiramente acima da reta y = x.

4.2- Caso $c = 1/4 = 0.25$ então $\Delta = 0$, ou que w(x) tem um único ponto fixo x= 1/2 = 0.5. Seja, por exemplo, então $w(x) = x^2 + 0.25$. Tomemos o valor inicial $x = 0.8 > 0.5$. Teremos sucessivamente w (0.8) = 0.89, $w^2$(0.8) = 1.0421, $w^3$(0.8) = 1.33..., $w^4$(0.8) = 2.03..., $w^5$(0.8) = 4.46..., que nos indica ser lim $w^n$(0.8) = ∞, para n→ ∞; ou que o ponto fixo é *repulsor* para x > 0.5. O mesmo acontece para x < 0.5.

4.3- Seja finalmente o caso de c < 1/4, quando $\Delta$ > 0, que nos dá dois pontos fixos. Consideremos para exemplificar w(x) = $x^2$ – 2, de raízes $-\sqrt{2}$ e $+\sqrt{2}$.

Necessariamente devemos ter para ponto fixo $x^2 - x - 2 = 0$, de onde a existência de dois pontos fixos x = -1 e x = 2. Tomemos o valor inicial x = 2.1 > 2. Teremos sucessivamente w(2.1) = 2.41, $w^2$(2.1) = 3.8081, $w^3$(2.1) = 9.48..., que nos mostra ser lim $w^n$ (2.1) = ∞, para n→ ∞, portanto para x > 2 o ponto fixo x = 2 é *repulsor*.

Tomemos agora um valor inicial x < 2, por exemplo x = 1.5. Teremos sucessivamente w(1.5) = 0.25, $w^2$(1.5) = - 1.93..., $w^3$(1.5) = 1.72..., $w^4$(1.5) = 0.95..., $w^5$(1.5) = - 1.09..., $w^6$(1.5) = - 0,81..., $w^7$(1.5) = - 1.34...: contudo, agora não fica simples tirar alguma conclusão. Sugerimos representar essa sucessão de valores no gráfico cartesiano, acrescentando também o gráfico de y = x. Para cada ponto x representar o ponto em w, em seguida com horizontal determinar na reta y = x o ponto correspondente de x = y. O leitor observará que a sucessão alternada de pontos na parábola e reta y = x rodeiam o ponto fixo (-1,-1), como um redemoinho de um sifão; claro está que esse ponto fixo é *atrator*. Analogamente, com o inicial x = -1.8 > -2, os valores serão w(-1.8) = 1.24, $w^2$(-1.8) = w(1.24) = - 0.46..., $w^3$(-1.8) = w(0.46...) = - 1.78... etc., e de novo rodearão o ponto fixo (-1,-1) como um redemoinho em sifão. É importante observar que as órbitas para pontos do intervalo -2 < x < 2 estão nele inteiramente contidas, de onde se pode dizer que as órbitas são *prisioneiras*.

Para ponto inicial x = - 2 temos w(- 2) = 2 e sucessivamente $w^i$(-2) = 2 ( i > 1), ou que x = -2 é ponto *aparentemente fixo* ou *eventualmente fixo*.

Para x < -2, por exemplo x = -2.2, teremos w(-2.2) = 2.84, $w^2$(-2.2) = 6.06..., $w^3$(-2.2) = 36.78...., e de novo lim $w^n$(-2.2) = ∞, para n→ ∞. Diz-se que para pontos x < -2 as órbitas são *fugitivas*; elas fogem, escapam para o infinito.

## *- E o caso complexo $f(z) = z^2 + c$?*

Em geral, tomando um valor inicial qualquer para $z$ e uma constante complexa $c$, a sucessão dos valores complexos obtidos se afasta cada vez mais da origem e sem se aproximar de um ponto fixo.

Estudo análogo ampliado do que fizemos para a função de variável real $f(x) = x^2 + c$ pode ser realizado. Felizmente, uma propriedade básica existe:

*- Se o complexo obtido por uma iteração tem módulo maior que 2, a órbita será fugitiva, escapando para o infinito.*

Essa propriedade é aplicada como teste, repetidamente um determinado número grande de vezes, e se sempre o módulo não supera 2, então, pode-se considerar a órbita prisioneira.

Capítulo III

# Criando fractais

*Preliminares*

Existem vários procedimentos para construir "novos" fractais, em geral, baseando-se em construções de fractais existentes. Vamos nos fixar em apenas alguns, julgados de fácil entendimento: um para se construir curvas fractais, com base no fractal Curva de Koch; um segundo para a construção de interiores fractais, ao qual denominamos de criação por remoção, seguindo o procedimento empregado no famoso triângulo de Sierpinski; um terceiro tendo por fonte o fractal pentagonal de Dürer; e um quarto de fractais árvores. Todos de possível uso em atividades educacionais. Ao final do capítulo anexamos um estudo das dimensões fractais.

## A – Fractais pela fronteira

### *Curvas tipo fractais de Koch*

Lembra-se do iniciador gerador dado na Fig. III-1 que foi construído sobre um segmento de reta dividido em 3 partes iguais, e a do meio substituída por um triângulo equilátero sem um dos lados, ficando assim com quatro partes.

Fig. III-1

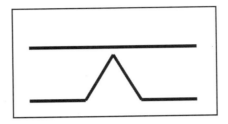

Pois bem, à imagem da construção então utilizada, aplicando em cada parte (em todos os 4 segmentos) o modelo gerador reduzido na razão 1/3, e novamente em cada uma das 16 novas partes o modelo gerador agora reduzido na razão $(1/3)^2$ = 1/9, pode-se construir curvas fractais análogas com base num iniciador similar.

## Ilustrações

**Exemplo 1**

Dividimos o segmento de reta da Fig. III-2a em 4 partes iguais e construímos com 8 partes dois dentes, um para cima e outro para baixo. A Fig. III-2b será o *iniciador* (gerador), essa figura corresponde ao nível 1 do fractal, que funcionará como modelo gerador para todas as novas partes.

Na Fig. III-2c temos uma réplica reduzida do gerador na razão 1/4, que se aplicada em cada um dos oito segmentos do nível 1 fornecerá o fractal no nível 2, com $8^2 = 64$ partes.

Da mesma maneira, a fig.III-2d é nova réplica reduzida na razão 1/4 daquela do nível 2 ou $(1/4)^2 = 1/16$ do Iniciador, que se aplicada a cada um dos 64 segmentos anteriores fornecerá o fractal ao nível 3 com $8^3 = 512$ partes-segmentos, conforme visualiza-se na Fig. III-2e.

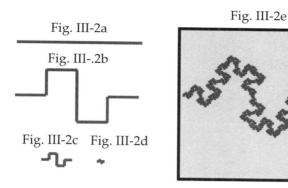

Fig. III-2a

Fig. III-.2b

Fig. III-2c   Fig. III-2d

Fig. III-2e

Fig. III-2f

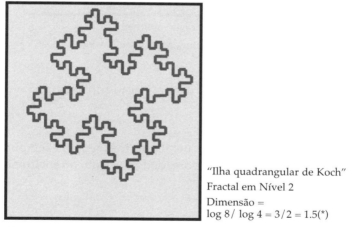

"Ilha quadrangular de Koch"
Fractal em Nível 2
Dimensão =
log 8/ log 4 = 3/2 = 1.5(*)

(*) Inserimos na figura um valor numérico denominado Dimensão, veremos ao final do capítulo como é fácil calculá-lo.

## Exemplo 2

Considere um segmento de reta, divida-o em três partes iguais, mas na do meio coloque um quadrado sem o lado inferior (um dente), usando cinco partes iguais, obtendo o iniciador (gerador) dado pela Fig. III-3a.

Nas figuras III-3b e 3c estão representados os modelos reduzidos nas razões respectivas $(1/3)^2$ e $(1/3)^3$ a serem aplicados sucessivamente em todas as partes. Assim, o segundo gerador será colocado em 25 segmentos, produzindo um fractal ao nível 2; o terceiro será colocado em 125 segmentos, produzindo um fractal ao nível 3.

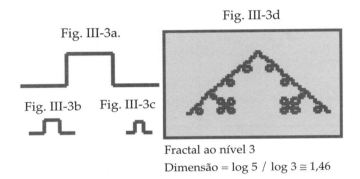

Fig. III-3a.

Fig. III-3b  Fig. III-3c

Fig. III-3d

Fractal ao nível 3
Dimensão = log 5 / log 3 ≅ 1,46

Nome =? (Escolha uma denominação apropriada ao seu aspecto).

SUGESTÕES: Sugerimos construir alguns fractais, por exemplo, usando os iniciadores dados a seguir, ou então crie outros.

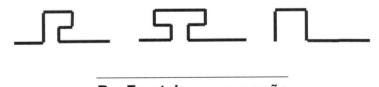

## B – Fractais por remoção

Agora, lembremos que no Triângulo de Sierpinski, a partir de um triângulo equilátero dividido em quatro triângulos equiláteros pelos segmentos dos pontos médios, retirou-se o do centro para se obter o iniciador-gerador (Fig. IIII-4a e 4b).

Ora, parece-nos claro o procedimento para a criação de novos fractais por remoção.

Fig. III-4a    Fig. III-4b

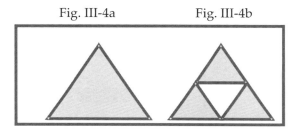

## Ilustrações

**Exemplo 1**

Considerar, por exemplo, um quadrado e dividi-lo em nove quadrados. Removendo três deles, conforme indicado nas Figuras III-5a e III-5b, obteremos um iniciador-gerador composto de 6 quadrados.

Construir por redução o modelo gerador na razão 1/3 (Fig. III-5c) que, se aplicado em todos os seis quadrados anteriores restantes, fornecerá o fractal ao nível 2.

Em seguida, construir por redução os modelos geradores nas razões $(1/3)^2 = 1/9$ (Fig. III-5d) que, se aplicado nos 36 quadrados restantes, fornecerá o fractal ao nível 3 (Fig. III-5e).

Fig. III-5a    Fig. III-5b

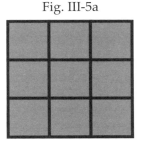 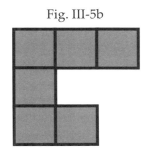

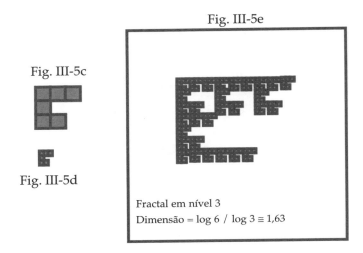

Fig. III-5c

Fig. III-5d

Fig. III-5e

Fractal em nível 3
Dimensão = log 6 / log 3 ≅ 1,63

## Exemplo 2

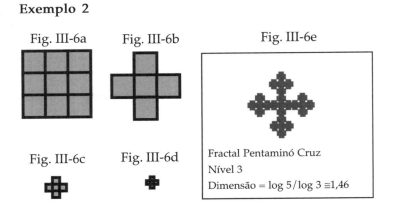

Fig. III-6a

Fig. III-6b

Fig. III-6e

Fig. III-6c

Fig. III-6d

Fractal Pentaminó Cruz
Nível 3
Dimensão = log 5/log 3 ≅ 1,46

## Exemplo 3

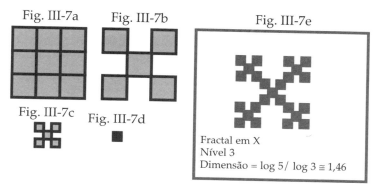

Fig. III-7a  Fig. III-7b  Fig. III-7e
Fig. III-7c  Fig. III-7d

Fractal em X
Nível 3
Dimensão = log 5/ log 3 ≅ 1,46

## Exemplo 4

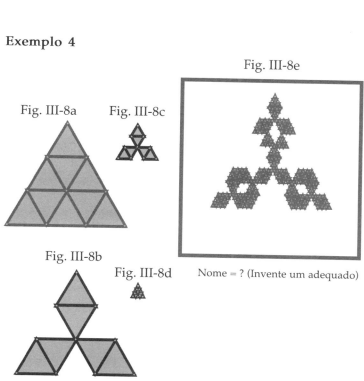

Fig. III-8a  Fig. III-8c  Fig. III-8e
Fig. III-8b  Fig. III-8d

Nome = ? (Invente um adequado)

## Exemplo 5

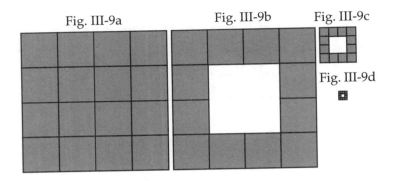

Fig. III-9a     Fig. III-9b     Fig. III-9c

Fig. III-9d

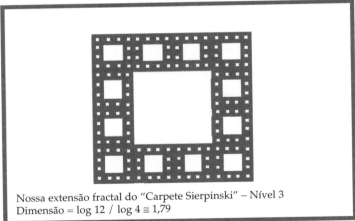

Fig. III-9e

Nossa extensão fractal do "Carpete Sierpinski" – Nível 3
Dimensão = $\log 12 / \log 4 \cong 1{,}79$

SUGESTÕES: Na Fig. III-10 sugerimos 7 novos fractais pelo procedimento de remoção, além dos já estudados. Que tal criar novos fractais pelo mesmo procedimento?!

Fig. III-10

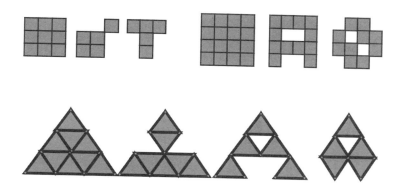

## C – Fractais tipo Dürer

### *O fractal pentagonal de Dürer*

SUA CONSTRUÇÃO

Consideremos um pentágono regular. Seja AB um de seus lados. Coloquemos pentágonos menores I e II em cada um dos extremos A e B, de tal maneira dispostos que um de seus ângulos coincida com o ângulo do pentágono regular inicial, e ainda com a condição de que os pentágonos I e II tenham um vértice comum (Fig. III-11a)

Repetindo essa ação, em cada lado, ficará formado ao centro um novo pentágono regular congruente aos dos lados.

Removamos os 5 triângulos intermediários e o pentágono central, obtendo o nível 1 do Fractal de Dürer (Fig. III-11b).

Iterando, repetindo essa operação em cada um dos pentágonos regulares restantes, obteremos sucessivamente os outros níveis do fractal (Fig. III-11c e 11d).

Fig. III-11a

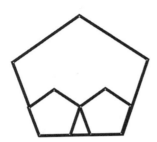

Fig. III-11b
Nível 1

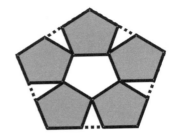

Fig. III-11c
Nível 2

Fig. III-11d
Nível 3

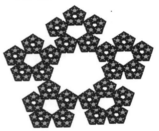

## *Criando um fractal hexagonal tipo Dürer*

CONSTRUÇÃO

Construímos um hexágono regular (grande) que será o iniciador.

Seja AB um de seus lados. Coloquemos hexágonos regulares menores I e II em cada um dos extremos A e B, de tal maneira dispostos que um de seus ângulos coincida com ângulo do hexágono regular inicial, com a condição de que I e II tenham um vértice em comum (Fig. III-12a)

Em cada lado repetimos essa ação, portanto construindo 6 hexágonos regulares, ficando formado ao centro um hexágono regular estrelado. Removemos os triângulos intermediários e o hexágono estrelado central, obtendo assim o nível 1 do Fractal (Fig. III-12b).

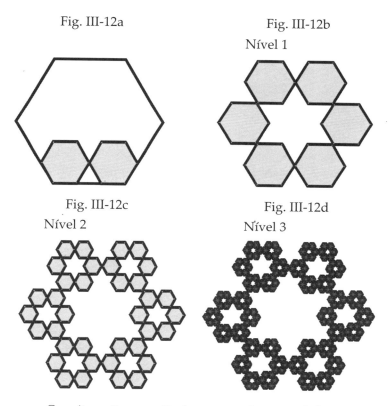

Fig. III-12a

Fig. III-12b
Nível 1

Fig. III-12c
Nível 2

Fig. III-12d
Nível 3

Com iterações, repetindo a operação em cada hexágono do nível anterior, obteremos sucessivamente o Fractal Hexagonal Tipo Dürer (Fig. III-12c e 12d).

## *Criando um fractal octogonal tipo Dürer*

Um belo fractal tipo Dürer é o octogonal; sugerimos a sua construção. A particularidade reside apenas no fato dos dois octogonais menores I e II satisfazerem a condição de terem um lado em comum (Fig. III-13).

É claro que o interessado poderá construir fractais tipo Dürer utilizando outros polígonos regulares.

Fig. III-13

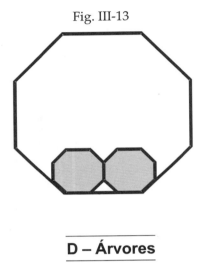

## D – Árvores

## *Árvore pitagórica fundamental*

Sua construção

Construir inicialmente um triângulo retângulo cujos catetos e hipotenusa são dados pelo terno pitagórico fundamental (3, 4, 5). Sobre seus catetos e hipotenusa construir os quadrados respectivos (Fig. III-14a). O triângulo retângulo e os quadrados dos catetos constituem o iniciador-gerador. O quadrado da hipotenusa será o tronco inicial. Para obtenção do nível 1 do fractal (Fig. III-14b) construir sobre o lado de cada quadrado oposto ao respectivo cateto novo triângulo retângulo tendo por hipotenusa justamente esse lado. O que se faz em cada iteração é substituir as funções, cada cateto transforma-se em hipotenusa. Mas, para se obter a autossimilaridade, os novos triângulos retângulos precisam ser semelhantes ao inicial, isto é, seus lados devem ser proporcionais aos números 3, 4 e 5 (Fig. III-14c).

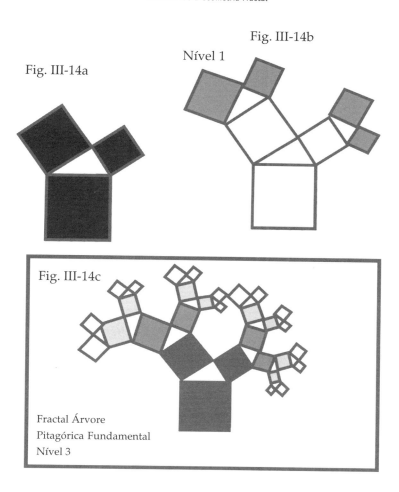

Fig. III-14a

Fig. III-14b
Nível 1

Fig. III-14c

Fractal Árvore
Pitagórica Fundamental
Nível 3

SUGESTÃO: Criar fractais de árvores pitagóricas derivadas, isto é, usar para o triângulo retângulo inicial lados baseados em outros ternos pitagóricos (ver BARBOSA, 1993a). Uma variante é colocar os triângulos retângulos voltados alternadamente para a esquerda e para a direita. Outra possibilidade é utilizar para a cadeia da esquerda os triângulos voltados para a esquerda e para a cadeia da direita usar os triângulos voltados para a direita.

## Árvore pitagórica isósceles retangular

Fig. III-15

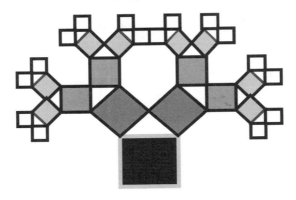

## Árvore pitagórica isósceles obtusângula

Fig. III-16

NOTA: Observar a formação da Couve Flor (ou do Brócolis) e comparar.

## *Árvore pitagórica equilátera*

Fig. III-17

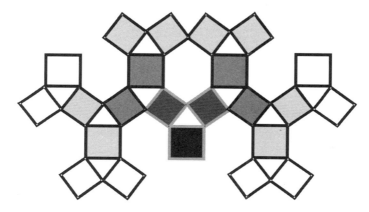

OBSERVAÇÃO: Esta árvore fractal é particularmente interessante, gera um mosaico de pavimentação uniforme do tipo (4, 3, 4, 6) (Ver BARBOSA, 1993b).

## *Árvores bifurcadas*

Fig. III-18a

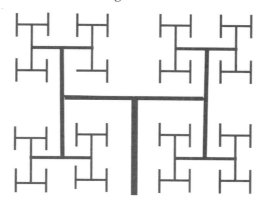

Ângulo de bifurcação = 180° (ramificações opostas)
Escala de redução = √2/2

Fig. III-18b       Fig. III-18c

Ângulo de bifurcação = 60°   Ângulo de bifurcação = 120°
Escala de redução = 1/2       Escala de redução = 1/2
                              Construção fácil em papel
                              triangulado.

SUGESTÃO: *Experimente empregar outras escalas de redução.*

## E – Como descobrir a dimensão fractal

O leitor, com certeza, tem observado a importância da propriedade de autossimilaridade dos fractais, e agora neste capítulo III deparou com outro elemento que temos inserido junto às figuras fractais: Dimensão. Entretanto ela usualmente não é dada por um número inteiro, mas é uma fração, é um novo tipo de dimensão denominada *dimensão fractal*, que diríamos mais associada a aspereza, espessura, densidade, textura etc.

Procuraremos, no que segue, explicarmos o que se entende por dimensão fractal.

### *Dimensões em inteiros*

Sabemos que o espaço em que vivemos é de dimensão 3, é nossa dimensão espacial; já as figuras planas, como o quadrado, são de dimensão 2; enquanto os segmentos de reta são de dimensão 1; e os pontos, de dimensão zero.

Observemos que um segmento de reta, um quadrado, ou um cubo, respectivamente de dimensões 1, 2 e 3, possuem a propriedade de autossimilaridade. As três figuras podem ser repartidas em objetos autossimilares:

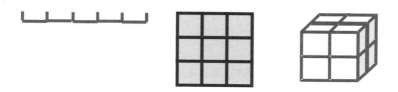

Nas figuras anteriores ilustramos as divisões:
a) de um segmento de reta em 5 (cinco) peças;
b) de um quadrado em 9 (nove) peças quadrangulares congruentes, repartindo o lado em 3 (três);
c) de um cubo em 8 (oito) peças cúbicas, tendo dividido cada aresta em 2 (duas).

Cada pequena peça é autossimilar ao todo, assim, para que cada peça fique igual ao todo devemos ampliá-la por um fator de aumento (coeficiente de proporcionalidade) igual respectivamente a 5, a 3 e a 2.

Em resumo, o número de peças em cada caso é igual:
a) ao fator de aumento (5);
b) ao *quadrado* do fator de aumento ($3^2$);
c) ao *cubo* do fator de aumento ($2^3$).

E em geral, o número **n** de peças é dado por $n = m^D$, onde **m** é o fator de aumento e **D** a dimensão.

## *Dimensão em geral não inteira*

Consideremos agora, para ilustrarmos com fractais:
1) O triângulo de Sierpinski

Cada triângulo de um nível é repartido para o nível seguinte em 3 triângulos (desde que o central seja removido), então n = 3; e cada um pode ser ampliado para se igualar ao anterior, duplicando-o, logo o fator de aumento é m = 2.

Usando a mesma igualdade anterior $n = m^D$, teremos $3 = 2^D$, e com logaritmos obtemos

$$D = \log 3 / \log 2 \cong 0{,}47712 / 0{,}30103 \cong 1{,}585$$

Diremos então que a dimensão do triângulo de Sierpinski é aproximadamente 1,585; portanto, entre os inteiros 1 e 2.

É interessante e importante observar que o resultado permanece o mesmo se tivermos repartido o triângulo em 9 (nove) triângulos (nível 2), pois nesse caso o fator de aumento é 4:

$$9 = 4^D \text{ ou } D = \log 9 / \log 4 = 2 \log 3 / 2 \log 2 = \log 3 / \log 2$$

Segue o uso da fórmula seguinte para os fractais:

---
Dimensão = log (número de peças) / log (fator de aumento) ou **D = log n / log m**

---

e a chamamos de DIMENSÃO FRACTAL.

2) Curva de Koch

Desde que para esse fractal temos n = 4 peças e fator de aumento m = 3, a sua dimensão fractal é

$$D = \log 4 / \log 3 \cong 0{,}60206 / 0{,}47712 \cong 1{,}262$$

Para evitarmos dúvidas consideremos para dois fractais do tipo de curvas de Koch com os geradores iniciais dados por:

a) ponta mais achatada,   b) ponta mais alongada

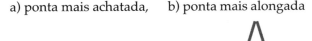

Usamos em ambos n = 4 peças como na curva de Koch padrão, e também ambos com comprimento total do segmento 3,5 unidades. Em a) cada peça tem 2/7 do total, porém em b) cada uma tem 2/5, valores respectivamente inferior e superior a cada peça da curva padrão de Koch, que possuem 1/3 do total. Com esses dados as respectivas dimensões são:

D(a) = log 4 / log (3,5) ≅ 0,60206 / 0,54407 ≅ 1,106

D(b) = log 4 / log (2,5) ≅ 0,60206 / 0,39794 ≅ 1,512

desde que os fatores de aumento são dados pelos inversos dos fatores de redução 1/ (2/7) = 7/2 = 3,5 e 1/(2/5) = 5/2 = 2,5.

Sugerimos agora que o leitor construa os fractais correspondentes até o nível 3, por exemplo, e procure, baseando-se nos seus visuais respectivos, interpretar as suas dimensões fractais. Cremos que chegará razoavelmente a: a) é menos áspero e menos denso, enquanto b) é mais áspero e mais denso.

## *Sugestão de trabalho*

Ao leitor interessado em pesquisar dimensões de fractais julgamos útil estudar a dimensão da esponja de Menger (log 20 / log 3 ≅ 2,73 ), ou dos fractais tipo Dürer, por exemplo do hexagonal (log 6 / log 3 ≅ 1,63), ou mesmo do pentagonal e do octogonal, para os quais encontrará elementos geométricos necessários no capítulo IV.

Parece-nos curioso e instrutivo pesquisar a dimensão fractal da curva tipo Koch com pontas alternadamente para dentro e para fora (log 6 / log 4 ≅ 1,29).

Capítulo IV

# Explorando fractais na sala de aula

Duas formas de exploração de fractais são naturalmente emergentes pelas suas próprias características.

Uma das formas para explorar é aquela de estudar as relações numéricas de seus elementos, conforme as iterações sucessivas; por exemplo, contagem, perímetros, áreas e volumes (se for o caso).

Tais explorações, em geral, são ao nível de aprendizagem de educandos do ensino médio, portanto, podendo ser utilizadas para uma boa fixação da aprendizagem correspondente.

Cuidamos dessa forma procurando mostrar as explorações em vários dos fractais famosos usuais no capítulo II e em alguns dos fractais criados no capítulo III.

É claro que, por analogia, o professor poderá realizar explorações em outros fractais selecionados.

Outra forma é explorar os fractais despertando ou desenvolvendo o senso estético, pela visualização dos mesmos, quando o professor, em nosso entender, deve procurar captar o educando para o belo e a harmonia no fractal. Uma terceira forma é aproveitar a emergência em um dos fractais de uma relação notável da matemática.

## A - Explorando o floco de neve de Koch

## *Contagem de segmentos*

Para se obter o gerador-iniciador cada lado do triângulo equilátero foi dividido em três partes iguais, e a do meio foi substituída por um triângulo equilátero sem um dos lados. Dessa maneira, transformou-se os 3 (três) segmentos em 4 (quatro) segmentos, e como temos 3 lados ficamos portanto com 3. 4 = 12 segmentos no nível 1(Fig. 1a). Continuando, em cada um desses segmentos, iterando, procedeu-se da mesma maneira, substituindo-os por quatro novos segmentos, ficando a figura com 3.4.4 = 48 segmentos no nível 2 (Fig. 1b).

Fig. IV-1a    Fig. IV-1b

Para o nível 3, em nova iteração, substituiu-se cada um dos 48 segmentos anteriores por 4 novos segmentos, ficando a figura com 3.4.4.4 = 3. $4^3$ = 192 segmentos na sua fronteira.

Observando os 3 resultados: Nível 1 → 3.4, Nível 2 → $3.4^2$ e Nível 3 → $3.4^3$ surge a inferência plausível para o nível n:

Número de segmentos do fractal para o nível n:

$S_n = 3.4^n$

## *Perímetros*

a) Comprimentos dos segmentos

Indiquemos com **c** o comprimento do lado do triângulo equilátero inicial.

Dividimos em 3 partes iguais e ficamos com 4 para o nível 1, então cada uma tem comprimento **c.1/3**. Para o nível 2, novamente cada uma foi dividida em 3 partes iguais e ficamos com 4; então, cada uma tem comprimento $c.(1/3)^2$. Da mesma maneira, descobrimos que ao nível 3 cada segmento tem comprimento $c.(1/3)^3$; e, analogamente, a inferência plausível, de que ao nível n cada segmento tem comprimento $c.(1/3)^n$.

b) Aplicando

Agora será fácil, com as contagens obtidas em a) aplicadas aos respectivos comprimentos obtidos em a) teremos a tabelinha para os perímetros:

| Nível | $S_n$ | Comprimentos | Perímetros |
|---|---|---|---|
| 0 | 3 | c | 3.c |
| 1 | 3.4 | c.(1/3) | 3.(4/3).c |
| 2 | $3.4^2$ | $c.(1/3)^2$ | $3.(4/3)^2.c$ |
| 3 | $3.4^3$ | $c.(1/3)^3$ | $3.(4/3)^3.c$ |
| ... | ..... | .......... | ............. |
| n | $3.4^n$ | $c.(1/3)^n$ | $3(4/3)^n.c$ |

c) Analisando

Considerando que o perímetro para um dado nível é 4/3 do perímetro do nível anterior; e que 4/3 > 1 segue que o perímetro aumenta em cada nível de 1/3 do perímetro anterior. Ora este resultado é interessante, pois a conclusão é que o perímetro do fractal do *"floco de neve de Koch"* é infinito, isto é, o perímetro da curva fronteira tende ao infinito, mas crescendo rapidamente.

Divagando um pouco convidamos o leitor a observar que esse aumento de 1/3 pode também ser *intuitivo*, lembrando que dos 3 segmentos da divisão do lado ficamos a seguir com 4, portanto, com 1/3 a mais. Ora, esse aumento se faz em todos os segmentos e em todos os níveis, logo, o perímetro de um nível para o próximo fica ampliado também em 1/3.

d) *Especializando a exploração dos perímetros*

Seja que o comprimento c do lado do triângulo inicial tenha 1 metro, ou que o perímetro inicial é de 3 m.

Situação-problema:

*Quantas iterações precisamos realizar para que o perímetro seja maior ou igual a 90 m? E 900 m?! E 9.000m?!*

O que precisamos calcular é o nível n do fractal usando a desigualdade $3(4/3)^n \geq 90$, de onde obtemos:

$$n \geq \log 30 / (\log 4 - \log 3)$$

Como o segundo membro é aproximadamente dado por 11,8 e por ser n um inteiro, pode-se concluir que n = 12 é o número de iterações necessárias; isto é, quando o fractal for de nível 12 já o seu perímetro é superior a 90 metros.

- Analogamente encontra-se n = 20 para perímetro 900 m. Para a terceira situação obtem-se n = 28. Caramba! Temos 12, 20 e 28 iterações respectivamente, parece que vai aumentando de 8 em 8. Vejamos a credibilidade da inferência para 90.000 metros.

Para esta quarta situação calcula-se n = 36. Notável. Será que descobrimos um padrão? Para cada 8 iterações a mais se multiplica o perímetro por 10, em consequência, para que o perímetro seja igual ou superior a 900.000 metros precisamos chegar ao nível 44.

Sugerimos ao professor colocar a seguinte situação-problema:

*Seria esse padrão verdadeiro para outros perímetros?!*

Os alunos poderiam verificar a extensão do padrão para outros perímetros, por exemplo, para 120m, 1.200m e 12.000m; quando encontrariam os números mínimos correspondentes de iterações dados por 13, 21 e 29, que dão credibilidade ao padrão de 8 em 8.

Contudo, algo um pouco mais rigoroso poderia ser feito:

Seja o perímetro 10p obtido multiplicando o perímetro p por 10, então haveria a inequação $3(4/3)^n \geq 10p$, ou $(4/3)^n \geq 10(p/3)$, que fornece n ≥ log [10. (p/3)] / (log 4 – log 3) = log 10 / (log 4 – log 3) + log (p/3) / (log 4 – log 3) = 1 / (log 4 – log 3) + log (p/3) / (log 4 – log 3)

de onde n ≥ 1 / (0,60206 – 0,47712) + log (p/3) / (log 4 – log 3)

ou que n ≥ 1 / 0,12494 + log (p/3) (log 4 – log 3)

e desde que 1/0,12494 ≅ 8 segue a veracidade do padrão.

## Área do fractal

Iniciamos com um triângulo equilátero, de área **A** igual a $(c^2\sqrt{3})/4$.

Raciocinemos, para facilitar, só relativamente ao que acontece num dos lados, pois, ao final bastará multiplicarmos pelo fator 3.

Em cada lado é acrescentado um triângulo equilátero de área que indicaremos com Δ (Fig. 2a), que é 1/9 da área **A** (Fig. 2b).

No nível 2 a área é acrescida de 4 pequenos triângulos equiláteros com áreas iguais a 1/9 do anterior (Fig. 2c). Ficamos então com área Δ + 4.(1/9). Δ.

No nível 3 a área é acrescida da área de $4^2$ = 16 triângulos equiláteros, cada um de área igual 1/9 da área de cada um anterior; portanto ficamos com área dada por:

**Área** = Δ + 4.(1/9). Δ + $4^2$. (1/9²). Δ = Δ + (4/9) Δ + (4/9)²Δ

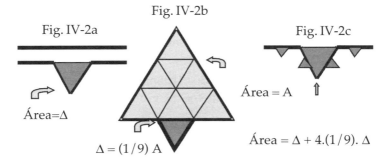

Fig. IV-2a

Fig. IV-2b

Fig. IV-2c

Área=Δ

Δ = (1/9) A

Área = A

Área = Δ + 4.(1/9). Δ

De onde induzimos que ao nível n deveremos ter a área dada por:

**Área = [1 + (4/9) + (4/9)$^2$ + ... + (4/9)$^{n}$ ⁻] Δ**

Mas para o fractal, ao aumentarmos indefinidamente o nível n, por ser um limite da soma de uma sucessão geométrica decrescente (desde que 4/9 < 1) ilimitada teremos

**Área = [Δ/ (1−4/9)] = (9/5) Δ**

Desse resultado, para obtermos a área total do fractal, basta multiplicarmos pelo fator 3 (três lados) e acrescentarmos a área A do triângulo equilátero inicial:

---

Área do Floco de Neve de Koch = A + 3(9/5)A =
A + 3(9/5)(1/9)A = (8/5)A

---

Este é um resultado curioso como o do perímetro. Mas é comparativamente surpreendentemente interessante. Temos agora uma área *finita,* exatamente 60% maior que a inicial, superfície essa interior a uma curva de perímetro *infinito*!!!

## B – Explorando o triângulo de Sierpinski

## *Contagem*

Desde que foi retirado (removido) o triângulo central do triângulo inicial composto de 4 triângulos congruentes pela construção dos segmentos dos pontos médios ficaram no nível 1 apenas 3.

No nível 2, em cada um dos 3 triângulos do nível 1 removemos o central dos seus 4 novos, ficando ao todo com 9 = 3$^2$ triângulos.

Analogamente para o nível 3 restam 27=3$^3$ triângulos após a remoção do central de cada um dos 9 anteriores.

Segue por indução simples que ao nível n teremos $3^n$ triângulos.

## Perímetro

Seja c o comprimento do lado do triângulo inicial, então cada triângulo do nível 1 tem comprimento c/2, e, analogamente, os lados do nível 2 e 3 possuem, respectivamente por comprimentos, as metades dos lados do nível respectivo anterior: $c/2^2$ e $c/2^3$; e por indução simples os lados dos triângulos do nível n possuem comprimento $c/2^n$.

Segue que o perímetro de cada triângulo do fractal de nível n é $3 . c / 2^n$.

De posse da contagem de triângulos e perímetros de cada um podemos construir uma tabelinha auxiliar.

| Nível | 0 | 1 | 2 | 3 | ... | n |
|---|---|---|---|---|---|---|
| Número de Triângulos | 1 | 3 | $3^2$ | $3^3$ | ... | $3^n$ |
| Perímetro de Cada Triângulo | 3c | 3c/2 | $3c/2^2$ | $3c/2^3$ | $3^3$ | $3c/2^n$ |
| **Perímetro Total** | 3c | $3(3/2)c$ | $3(3/2)^2c$ | $3(3/2)^3c$ | ... | $3(3/2)^nc$ |

Novamente, por ser 3/2 = 1,5 > 1, o perímetro vai crescendo conforme aumenta a ordem do nível, tendendo ao infinito.

## Área do fractal

Seja $\Delta$ a área do triângulo equilátero inicial. Cada novo triângulo tem área $1/4\,\Delta$ no nível 1. Ao nível 2 cada novo triângulo é 1/4 do anterior, portanto $(1/4^2)\,\Delta$, e portanto no nível 3 terão área $(1/4^3)\,\Delta$.

Induzindo podemos considerar que a área de cada triângulo ao nível n é dada por $(1/4^n)\,\Delta$.

Agora colocar, para facilitar, esses valores numa tabela associados com aqueles obtidos em a):

| Nível | 0 | 1 | 2 | 3 | ......... | n |
|---|---|---|---|---|---|---|
| Número de Triângulos | 1 | 3 | $3^2$ | $3^3$ | ..... | $3^n$ |
| Área de cada Triângulo | $\Delta$ | $(1/4)\Delta$ | $(1/4)^2\Delta$ | $(1/4)^3\Delta$ | ....... | $(1/4)^n\Delta$ |
| Área Total | $\Delta$ | $(3/4)\Delta$ | $(3/4)^2\Delta$ | $(3/4)^3\Delta$ | ....... | $(3/4)^n\Delta$ |

Pelo fato de ser $3/4 < 1$, segue que a área do fractal vai diminuindo conforme aumenta a ordem do nível, cada vez menor 75% da anterior, ou que a área do fractal "Triângulo de Sierpinski" tende a zero. O Perímetro aumenta e a Área decresce?! Sim, enquanto o perímetro aumenta tendendo ao infinito a área tende a zero!

## C – Explorando a esponja de Menger

## *Contagem*

Vejamos o estudo da contagem dos cubos de uma esponja de Menger. Iniciamos com um cubo; seja de aresta 1 (unidade). Então, o dividimos em 27 cubos usando planos secantes ortogonais às faces. Esses cubos devem possuir aresta $(1/3)$ u. Retiramos o cubo do centro e os cubos centrais de cada face.

Conclusão para o nível 1 (Fig. 3a):

Cubos removidos = 7, cubos restantes = 20.

Para o nível 2 (Fig. 3b), iterando, em cada um dos 20 cubos restantes, é feita uma nova remoção de 7 pequenos cubos (aresta $(1/3)^2$ u), portanto são retirados, no nível 2, o número de 7.20 pequenos cubos; isto é, ao todo já foram removidos 7 + 7.20. Desde que, em cada um dos 20 pequenos cubos, sobraram 20 cubos menores, concluímos que ao nível 2 existem $20^2$ cubos menores.

Fig. IV-3a

Fig. IV-3b

Em continuação, ao nível 3, iterativamente, serão removidos $7.20^2$ cubos de aresta $(1/3)^3$ u. Como ficam 20 em cada um, teremos como total restante $20^3$ cubos ( de aresta $(1/3)^3$ u).

Assim, em resumo, temos a tabela de contagem:

| Nível | 0 | 1 | 2 | 3 | ....... | n |
|---|---|---|---|---|---|---|
| Cubos removidos | 0 | 7 | 7.20 | $7.20^2$ | ........ | $7.20^{n-1}$ |
| Cubos restantes | 1 | 20 | $20^2$ | $20^3$ | ........ | $20^n$ |

## Volumes na Esponja

Seja V o volume do cubo inicial. Como dividimos em 27 cubos (de aresta $(1/3)$u). Segue que o volume de cada um, ao nível 1, é $(1/127)$ V; mas como retira-se 7 deles ao todo removeu-se corpos com volume $7(1/27)$ V e sobram $(20/27)$ V.

Analogamente, ao nível 2, cada cubinho tem volume $(1/27^2)$ V, portanto, retiramos nessa iteração $7.20 . (1/27^2)$V; ficamos, então, ao nível 2, com o volume restante

$V - 7.(1/27) V - 7.20 .(1/27^2) v = [(27^2 - 7.27 - 7.20)/27^2] V =$

$\{[27(27 - 7) - 7.20]/27^2\}V = [(27.20 - 7.20)/27^2] V =$

$[(27 - 7) 20/27^2] V = (20/27)^2 V$

resultado que poderia ser encontrado mais rápido diretamente(*) pois se ficaram $20^2$ cubinhos, e cada um tem volume $(1/27)^2$ ele segue.

Da mesma maneira, ao nível 3, teremos o volume $(20/27)^3 V$.

Observando os volumes respectivamente para o nível 0, 1, 2 e 3, dados por V, $(20/27) V$, $(20/27)^2 V$ e $(20/27)^3 V$ é claramente reconhecida a possibilidade da inferência plausível para o nível n: $(20/27)^n V$.

(*) Só o fizemos como sugestão interessante de cálculo a ser explorado.

## Analisando o volume do fractal

Como $(20/27) < 1$, a cada nova iteração, o volume diminui em $7/27$, aproximadamente 26%; portanto, o volume do fractal tende a zero, cuja interpretação pode ser a seguinte: *as perfurações na esponja vão aumentando tanto que a esponja tende a desaparecer em volume.*

## Áreas na Esponja

Estudemos agora as áreas das superfícies em cada nível da esponja.

Seja F a área de cada face do cubo inicial, ou que a área da superfície total do cubo é 6 F.

Desde que dividimos em 27 pequenos cubos e retiramos o central e os 6 cubos dos centros das faces fazendo as 3 perfurações concluímos que:

- *Em cada face perde-se (1/9) F, fornecendo a perda total de 6 (1/9)F;*

entretanto, ganha-se 24 (Fig. 4) novos quadrados para a superfície, ainda que nas perfurações, portanto, aumenta-se a área em 24 (1/9) F.

Fig. IV-4

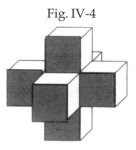

Em resumo, temos a área da esponja no nível 1 dada por:
6F − 6(1/9) F + 24 (1/9) F = [( 54 − 6 + 24)/9] F = 8F

Continuando a remoção dos cubos sempre da mesma forma, em todas iterações, passamos de uma área de 6 unidades para uma área de 8 unidades. Podemos afirmar que em cada nível a área é 4/3 (equivalente a 8/6) da área do nível anterior. Em consequência, no limite a área total da superfície da Esponja de Menger tende ao infinito (4/3 > 1).

## D – Explorando o fractal em X

### *Contagem*

Iniciamos com um quadrado. Dividimos o quadrado em 9 quadrados iguais, dos quais retiramos 4 (quatro) ficando com 5 (cinco) ao nível 1. Em seguida, iterando, em cada pequeno quadrado ficamos com 5, portanto, ao todo, ao nível 2, restam 5.5 = $5^2$ quadrados. Analogamente, com o mesmo procedimento obteremos $5^3$ quadrados menores no nível 3, e em geral, induzindo, ao nível n teremos $5^n$ quadradinhos.

### *Perímetros*

Seja L a medida do lado do quadrado inicial, portanto com perímetro 4 L; então cada quadrado, do nível 1, tem por lado (1/3)L ou por perímetro 4(1/3)L ou (1/3) de 4L. Desde que temos 5 quadrados no X, ao nível 1, o perímetro é de (5/3) de 4L.

Para o nível 2, identicamente, o perímetro de cada quadradinho é 5/3 do perímetro de quadrado do nível 1; isto é, o perímetro total do fractal ao nível 2 é 5/3 do perímetro do fractal ao nível 1; portanto $(5/3)^2$ .4L

Analogamente, ao nível 3, encontraremos $(5/3)^3$. 4L para seu perímetro, e assim sucessivamente $(5/3)^n$ 4 L para o nível n de fractal.

## *Analisando*

Dos resultados anteriores dos perímetros verificamos que em cada iteração os mesmos crescem na razão 5/3, isto é, o perímetro de um fractal é aproximadamente 66% maior que o perímetro do fractal do nível anterior. Em outras palavras, os perímetros vão aumentando, tendendo ao infinito.

## *Áreas*

Seja A a área do quadrado inicial, então cada quadrado do nível 1 tem área (1/9) A, ou que o fractal, ao nível 1, tem área 5 (1/9) A = (5/9) A.

Desde que cada novo quadradinho do nível 2 tem área 1/9 da área do quadrado do nível 1, segue que possuem área $(1/9)^2$ A, e portanto, como temos $5^2$ quadradinhos, descobrimos que a área do fractal, ao nível 3, é de $(5/9)^3$ A, e genericamente $(5/9)^n$ A, ao nível n.

Resulta, portanto, que as áreas dos fractais tendem a zero (5/9 < 1).

## E - Explorando o fractal pentagonal de Dürer

Do Fractal Pentagonal de Dürer emerge uma relação matemática notável, possibilitando, portanto, uma exploração como veremos a seguir.

## Relações entre os lados

Temos, claramente, no lado, conforme a construção utilizada, que $2L_{i+1} + x = L_i$

Desde que os ângulos internos de pentágonos regulares medem 108° segue que cada triângulo intermediário removido tem forma angular (36°,72°,72°), de onde, $x = 2 L_{i+1} \cos 72°$, ou que:

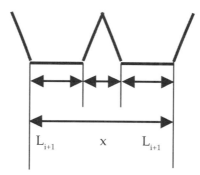

$L_{i+1} = L_i / (2 + 2 \cos 72°)$

Consultando uma tabela de funções trigonométricas ou calculadoras, o leitor encontrará aproximações razoáveis a 0,309017 ou 0,30902 para cos 72°, quando poderá calcular $L_{i+1} \cong$ 0,382 $L_i$ (observar que cos 72° = 0,309 01 69944, por excesso, com $E < 10^{-10}$). Portanto, em cada iteração, o novo lado de pentágonos é 38,2% do lado do pentágono ao nível anterior.

Contudo, em vista de outros relacionamentos, é interessante realizar explorações considerando outros aspectos que possibilitarão a emergência da relação áurea.

Desde que cada triângulo removido é da forma (36°, 72°, 72°) resulta que a base x é o segmento áureo de cada um de seus lados congruentes: $x = [(\sqrt{5} - 1)/2] L_i$ de onde substituindo x, na relação entre os lados sucessivos, encontraremos $L_{i+1} = 2 L_i / (\sqrt{5} + 3) = L_i (3 - \sqrt{5})/2 = L_i [1 - (\sqrt{5} - 1)/2]$. Usando o símbolo $\phi$ (fi)(*), teremos:

$L_{i+1} = (1 - \phi) L_i$

que é uma forma mais simples, julgada facilmente memorizável, que nos será útil nas explorações relativas nos níveis sucessivos, mas também uma construção gráfica para se determinar o lado do pentágono de um nível em função do lado de pentágono de nível anterior.

(*) Símbolo utilizado, talvez, oriundo da denominação Fibonacci.

## *Explicações*

### CONTAGEM DE PENTÁGONOS

Inicialmente temos um só pentágono, que indicaremos $NP_0 = 1$; já no nível 1 ficamos com 5, logo $NP_1 = 5$. Desde que, em toda iteração, em cada pentágono construímos 5 novos pentágonos, resulta que $NP_{i+1} = 5 \cdot NP_i$; isto é, $NP_2 = 5^2$, $NP_3 = 5^3$ etc., e que ao nível i genérico teremos $NP_i = 5^i$.

### PERÍMETROS

Seja L a medida do lado do pentágono inicial (iniciador), teremos $P_0 = 5L$ o perímetro inicial. Da relação $L_{i+1} = (1 - \phi) L_i$ obtemos para o perímetro $p_{i+1}$ de cada pentágono do nível i+1 em função do perímetro $p_i$ de cada pentágono do nível i o valor

$$p_{i+1} = 5 \ L_{i+1} = (1 - \phi) \ 5 \ L_i = (1 - \phi) \ p_i$$

Mas, desde que aos níveis i e i+1 temos respectivamente $NP_i = 5^i$ e $NP_{i+1} = 5^{i+1}$ pentágonos, segue que o perímetro total ao nível i+1 é dado em função do perímetro total ao nível i por:

$$P_{i+1} = 5 \ (1 - \phi) \ P_i$$

Como $5 \ (1 - \phi) \cong 5 \cdot (1 - 0{,}61803) = 5 \cdot 0{,}38197 = 1{,}90985$ (quase 2) concluímos que a sucessão de perímetros cresce em progressão geométrica, praticamente dobrando cada vez, isto é, crescendo 91% do perímetro total anterior, tendendo ao infinito rapidamente.

## ÁREAS

Seja D a área do pentágono inicial.

Lembrando que $L_{i+1} = (1 - \phi) L_i$ e que polígonos semelhantes possuem áreas proporcionais ao quadrado da razão de proporcionalidade, conclui-se que as áreas de pentágonos de níveis consecutivos i e i+1 estão relacionadas por $AP_{i+1} = (1 - \phi)^2 AP_i$.

Indicando por $D_i$ e $D_{i+1}$ respectivamente as áreas dos fractais de Dürer aos níveis i e i+1 teremos

$$D_{i+1} = 5^{i+1} AP_{i+1} = 5^{i+1} (1 - \phi)^2 AP_i = 5 (1 - \phi)^2 5^i AP_i \text{ ou}$$

$$D_{i+1} = 5 (1 - \phi)^2 D_i$$

Desde que $(1 - \phi)^2 \cong 0{,}146$ então $5 (1 - \phi)^2 \cong 073 < 1$ segue que a sucessão de áreas dos níveis dos fractais de Dürer é decrescente. Em cada iteração a área é aproximadamente 73% da área do fractal ao nível anterior; isto é, tende a zero.

Novamente temos a situação do perímetro tendendo a infinito e área tendendo a zero.

## *Outras explorações possíveis*

### DO PENTÁGONO "REGULAR" DE DÜRER

Albrecht Dürer (1471-1528), nascido e falecido em Nuremberg (Alemanha), foi também o autor de uma construção aproximada do pentágono regular, utilizada pelos nossos professores de desenho geométrico.

A construção de Dürer, proposta para pentágono regular, infelizmente é para pentágono equilátero aproximadamente regular, pois, seus ângulos internos não são de 108° mas de 108° 22´ (na base), 107° 7´ (nas laterais) e 109° 12´ (no vértice oposto à base).

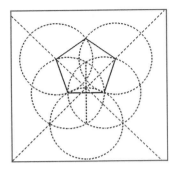

O leitor interessado em realizar algumas transversais artísticas e históricas encontrará material adequado em nosso último livro(*) sobre o quadro *"Melancolia"*, de Dürer, no qual aparece um quadrado mágico de ordem 4, ou dados históricos de Dürer e da Renascença (sua época), bem como explorações geométricas relativas a esse quadrado mágico sobre a constante mágica 34.

(*) BARBOSA, R. M. *Aprendendo com padrões mágicos*, SBEM-SP/UNIARA, 2000.

## Do Fractal Hexagonal Tipo Dürer

RELAÇÃO ENTRE OS LADOS

Considerando que os triângulos removidos são obviamente equiláteros, resulta que o lado de hexágono de um nível i + 1 é igual a 1/3 de lado de hexágono do nível i, anterior, isto é:

$$L_{i+1} = L_i / 3$$

SUGESTÃO: Sugere-se explorar a contagem de hexágonos, perímetros e áreas.

## Do Fractal Octogonal Tipo Dürer

RELAÇÃO ENTRE OS LADOS

Facilmente se descobre que os triângulos intermediários removidos são triângulos retângulos isósceles, de onde a relação $L_{i+1} = L_i / (2 + \sqrt{2})$ ou

$$L_{i+1} = [1 - (\sqrt{2}/2)] L_i$$

Dessa relação resulta uma construção gráfica:

1- Construir um quadrado de lado $L_i$;
2- Transportar o ponto médio da diagonal sobre um dos lados do quadrado.

Dos dois segmentos obtidos no lado tomar o menor que será $L_{i+1}$.

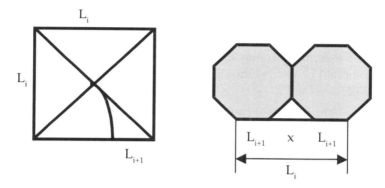

SUGESTÃO: Explorar a contagem de octógonos, perímetros e áreas.

## F- Explorando o fractal árvore pitagórica fundamental

### Contagem

Uma exploração relativa à contagem é evidente: contagem de quadrados. Inicia-se com 2 + 1 quadrados, para o nível 1 acrescenta-se $2^2 = 4$ quadrados, então ficamos com 7, isto é $2^3 - 1$. Para o nível 2 acrescenta-se mais $2^3 = 8$, ficando com 15, isto é $2^4 - 1$, e em continuação para o nível 3 teremos $2^5 - 1$, portanto podemos induzir que para o nível n teremos $2^{n+2} - 1$.

## Comprimentos dos lados

Em vista da autossimilaridade todos os triângulos retângulos são semelhantes ao inicial. Considere-se ainda que cada medida de cateto transforma-se em medida de hipotenusa.

Daí resulta que a razão de proporcionalidade para o triângulo retângulo construído sobre o cateto de 3 unidades é igual a $3/5 = 0.6$, e para o outro é de $4/5 = 0.8$.

Segue que os novos catetos para o triângulo de hipotenusa 3 são dados por: $0.6 \times 3 = 1,8$ e $0,6 \times 4 = 2,4$ e para o triângulo de hipotenusa 4 são dados por $0,8 \times 3 = 2,4$ e $0,8 \times 4 = 3,2$.

Resulta, portanto, que os 4 quadrados da copa da árvore ao nível 1 possuem lados iguais respectivamente a 1,8; 2,4; 2,4 e 3,2.

Uma exploração adequada é conferir os valores verificando se cumprem as condições do próprio teorema de Pitágoras:

$$\begin{array}{ll} 1,8^2 = 3,24 & 2,4^2 = 5,76 \\ +\ 2,4^2 = 5,76 & +\ 3,2^2 = 10,24 \\ \hline 9,00 = 3^2 & 16.00 = 4^2 \end{array}$$

Nível 2

Cálculo dos novos catetos:

### a) Triângulos da direita

a 1) Hipotenusa 1,8 (cateto menor)

$0,6^2 \times 3 = 0,36 \times 3 = 1,08$ e $0,6^2 \times 4 = 0,36 \times 4 = 1,44$

Verificação do termo pitagórico

$$\begin{array}{l} 1,08^2 = 1,1664 \\ +\ 1,44^2 = 2.0736 \\ \hline 3,2400 = 1,8^2 \end{array}$$

a 2) Hipotenusa 2,4 (cateto médio – segundo triângulo)

$0,6 \times 0,8 \times 3 = 0,48 \times 3 = 1,44$ e $0,6 \times 0,8 \times 4 = 0,48 \times 4 = 1,92$

Verificação do terno pitagórico

$$1{,}44^2 = 2{,}0736$$
$$+\ 1{.}92^2 = 3{,}6864$$
$$\overline{5{,}7600 = 2{,}4^2}$$

**b) Triângulos da esquerda**

b 1) hipotenusa 2,4 (cateto menor)

 valores já calculados para os catetos: 1,44 e 1,92

b.2) hipotenusa 3,2 (cateto maior)

 $0{,}8^2 \times 3 = 0{,}64 \times 3 = 1{,}92$ e $0{,}8^2 \times 4 = 0{,}64 \times 4 = 2{,}56$

Verificação do termo pitagórico

$$1{,}92^2 = 3{,}6864$$
$$+\ 2{,}56^2 = 6{,}5536$$
$$\overline{10{,}2400 = 3{,}2^2}$$

Resulta que a copa da árvore ao nível 2 é constituída de 8 quadrados respectivamente de lados:

1,08; 1,44; 1,44; 1,92; 1,44; 1,92; 1,92; 2,56.

Nível 3

Daremos apenas os cálculos dos dois primeiros triângulos, deixando ao leitor a tarefa de completar para os outros 6 triângulos, determinando assim os lados dos 16 quadrados da copa da árvore.

Primeiro – hipotenusa 1,08

$0{,}6^3 \times 3 = 0{,}216 \times 3 = 0{,}648$ e $0{,}6^3 \times 4 = 0{,}216 \times 4 = 0{,}864$

Verificação do termo pitagórico

$$0{,}648^2 = 0{,}419904$$
$$+\ 0{,}864^2 = 0{,}746496$$
$$\overline{1{,}166400 = 1{,}08^2}$$

Segundo – hipotenusa 1,44

$0,6^2 \times 0,8 \times 3 = 0,288 \times 3 = 0,864$ e $0,6^2 \times 0,8 \times 4 = 1,152$

Verificação do terno pitagórico

$$\begin{array}{r} 0,864^2 = 0,746496 \\ + \ 1,152^2 = 1,327104 \\ \hline 2,073600 = 1,44^2 \end{array}$$

Capítulo V

# Construindo fractais em sala de aula com manipulação de materiais concretos

Procuraremos oferecer neste capítulo ao professor (principalmente do ensino fundamental ou médio) algumas atividades para serem desenvolvidas em sala de aula com a construção de fractais com manipulação de materiais concretos.

Em nosso entender, quase todos fractais criados no capítulo III, pelo procedimento de remoção, são de uso possível para essas atividades.

O material necessário mais adequado para as atividades é um conjunto de peças quadradas, de madeira (com pequena espessura), cuja confecção por um carpinteiro é fácil e barata. Outro material razoavelmente equivalente é o de um conjunto de peças triangulares equiláteras.

Fig. V-1

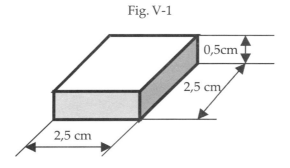

**Sugestão:** No caso das peças quadradas, o gerador será um poliminó.

A diferença essencial entre os fractais manipulativos e os fractais cuidados no capítulo III reside no fato de que não construiremos, como o fizemos até agora, com redução adequada em escala para passagem de um nível ao nível consecutivo, mas por dilatação; seguindo que os fractais de material concreto serão dados para níveis consecutivos por ampliação das escalas.

## A - Fractal triminó

Consideremos o triminó não reto, construído pela conexão de 3 quadrados (Fig. V-2.1), que será o fractal em nível 1.

- Convide os alunos para substituírem cada peça quadrada por um triminó L (Fig. V-2.2), que corresponde à construção empregando 3 figuras iguais à fig. 2.1; então teremos o fractal em nível 2.

- Novamente convide-os para trocarem cada quadrado por um Triminó (Fig. V-2.3), que corresponde à construção empregando 3 figuras iguais à 2.2, obtendo então o fractal ao nível 3.

Fig. V-2.1-nível 1   Fig. V-2.2-nível 2 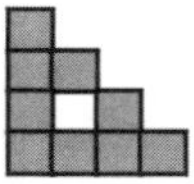   Fig. 2.3-nível 3

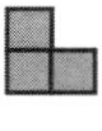

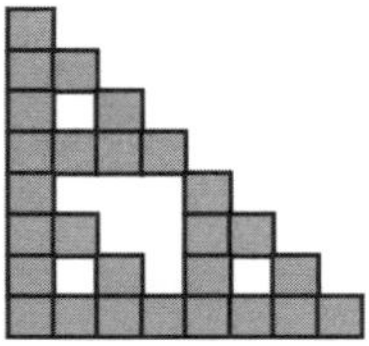

Analogamente, a Fig. V-3 será obtida usando 3 figuras iguais à Fig. 2.3.

Fig. V-3-nível 4

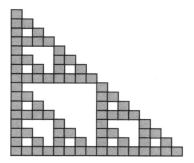

É claro que, em continuação, as obtenções dos níveis 5 e 6 seriam análogas, porém, o numero de peças necessárias será bastante grande. Vejamos:

Nível 1: 3 peças; Nível 2 : 3 x 3 = $3^3$ = 9 peças; Nível 3: 3 x $3^2$ = $3^3$ = 27 peças; Nível 4: 3 x $3^3$ = $3^4$ = 81 peças. Em geral, para o nível n, precisaremos $3^n$ peças.

## B - Carpete de Sierpinski

Consideremos uma peça quadrada.

Substitua-se o quadrado por um quadrado 3x3, removido o quadrado central, obtendo o fractal ao nível 1 (Fig. V-4.1).

Em seguida substitua-se cada quadrado pelo fractal nível 1, para obter o fractal nível 2 (Fig. V- 4.2);e novamente, para obter o fractal nível 3 (Fig. V- 4.3), substitua-se cada quadrado do nível 2 pelo fractal nível 1.

Fig. V-4.1-nível 1

Fig. V-4.2-nível 2

Fig. V-4.3-nível 3

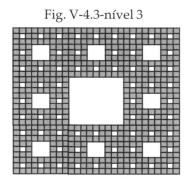

COMENTÁRIO: Novamente aqui é interessante explorar a contagem do número de peças necessárias para a obtenção dos vários níveis: Nível 1: 8 peças; Nível 2: $8^2 = 64$ peças; Nível 3 : $8^3 = 512$ peças; Nível n: $8^n$ peças quadradas.

## C - Fractal heptaminó em H

Considerar um quadrado. Substitua-o por um H (de 7 peças quadradas) para obter o gerador (Fig. V-5.1). Para obter o nível 2 (Fig. V-5.2) substituir cada quadrado pelo próprio H da Fig. 5.1. Em seguida, o nível 3 (Fig. V-5.3) será obtido substituindo cada quadrado do nível 2 pelo nível 1.

Fig. V-5.1  Fig. V-5.2-nível 2  Fig. V-5.3-nível 3

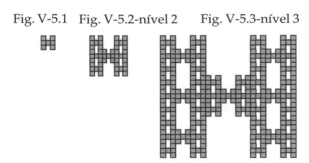

EXPLORAÇÃO: Contagem do número de peças necessárias Nível 1: 7; Nível 2: $7^2 = 49$; Nível 3 : $7^3 = 343$; Nível n: $7^n$ peças.

## D - Fractal pentaminó em T

Fig. V-6.1-nível 1

Fig. V-6.3-nível 3

Fig. V-6.2-nível 2

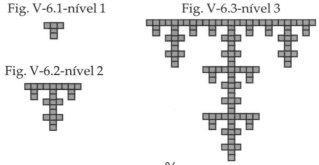

## E - Fractal extensão-1
## do triângulo de Sierpinski

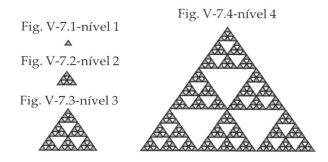

Fig. V-7.1-nível 1

Fig. V-7.2-nível 2

Fig. V-7.3-nível 3

Fig. V-7.4-nível 4

## F - Fractal extensão-2
## do triângulo de Sierpinski

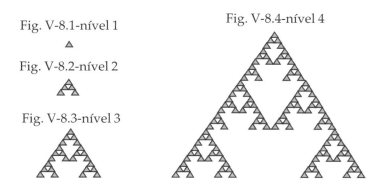

Fig. V-8.1-nível 1

Fig. V-8.2-nível 2

Fig. V-8.3-nível 3

Fig. V-8.4-nível 4

SUGESTÃO: Sugerimos criar outros fractais via manipulação baseados em letras do alfabeto ou algarismos; veja ilustrações a seguir:

Fig. V- 9

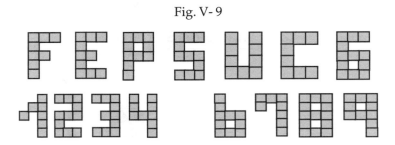

**NOTA FINAL:** *Salientamos que as construções, por manipulação, são mais adequadas para trabalhos em grupo; principalmente pelo número de peças necessárias, que seria reduzido a 1/4 ou 1/5. Poderiam ser realizadas sobre mesas ou balcões, no ensino fundamental, e até mesmo no chão, em caso de pré-escola.*

## Capítulo VI

# Seriam fractais as configurações de múltiplos no triângulo de Pascal?!

O leitor deve estar lembrado do Triângulo Aritmético de Pascal(*) obtido com os coeficientes das expansões binomiais sucessivas:

$$
\begin{array}{c}
1 \\
1 \quad 1 \\
1 \quad 2 \quad 1 \\
1 \quad 3 \quad 3 \quad 1 \\
1 \quad 4 \quad 6 \quad 4 \quad 1 \\
1 \quad 5 \quad 10 \quad 10 \quad 5 \quad 1 \\
1 \quad 6 \quad 15 \quad 20 \quad 15 \quad 6 \quad 1 \\
1 \quad 7 \quad 21 \quad 35 \quad 35 \quad 21 \quad 7 \quad 1 \\
1 \quad 8 \quad 28 \quad 56 \quad 70 \quad 56 \quad 28 \quad 8 \quad 1
\end{array}
$$

..............................................................

Assim, de $(a+b)^0 = 1$, obtemos o único número da primeira linha; de $(a+b)^1 = a + b = 1\,a + 1\,b$, teremos os coeficientes 1 e 1 da segunda linha; de $(a+b)^2 = a^2 + 2\,a\,b + b^2 = 1\,a^2 + 2\,a\,b + 1\,b^2$, tem-se os coeficientes 1, 2 e 1 da terceira linha; e assim sucessivamente.

Entretanto, existe uma lei de formação simples baseada numa recorrente conhecida como Relação de Stiefel(**) publicada na sua *Aritmética Integra*, em Nuremberg (1544), cujo esquema do padrão consiste em *adicionar dois valores consecutivos de uma linha* para obter o valor, *de mesma ordem que o segundo, da linha seguinte*.

Esse padrão é facilmente memorizável com um dos esquemas geométricos dados a seguir, onde utilizamos para exemplificar a obtenção de números da oitava linha:

Fig. VI-1

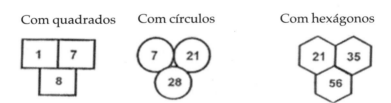

e é claro que o esquema geométrico se aplica também no começo e no final da linha, quando um dos valores é nulo, fornecendo sempre o valor 1.

No que segue preferiremos o emprego de casas hexagonais, desde que nos parece mais sugestivo o fato de que cada casa hexagonal superior tem um lado em comum com a casa hexagonal inferior.

(*) Blaise Pascal (1623-1662)

(**) Michel Stiefel (1486-1567): $C_{n,i} + C_{n,i+1} = C_{n+1,i+1}$

## Fractal 1 – Múltiplos de dois

Consideremos o triângulo aritmético.

Indiquemos os números do triângulo, que são múltiplos de dois (pares), dando um destaque às suas respectivas casas hexagonais, por exemplo, colorindo-as com cinza.

Esse trabalho (artístico?!) fica facilitado desde que:
a) casas consecutivas de uma mesma linha em branco, ou
b) casas consecutivas de uma mesma linha em cinza, então a casa hexagonal inferior será cinza, o que decorre do fato de que soma de ímpares é par e soma de pares também é par.

Fig. VI-2
Fractal – Múltiplos de 2

Na Fig. VI-2 estendida até a décima sétima linha, verifica-se as configurações triangulares "equiláteras" de maneira autossimilar; assim, até a linha 4 entendemos o nível 1; até a linha 8 consideramos como nível 2; e até a linha 16 temos o nível 3. Observamos também o início de um triângulo na linha 17, portanto segue o nosso entendimento, o nível 4 corresponde até a linha 32. Deveremos ter a partir da linha 17 a configuração triangular central com vértice para baixo e, lateralmente, nos dois lados, uma configuração igual ao nível 3.

## Fractal 2 – Múltiplos de três

Daremos a seguir, na Fig. VI-3, o fractal obtido com o triângulo aritmético de Pascal, colorindo de cinza as casas hexagonais dos múltiplos de 3.

O leitor verificará que novamente teremos configurações triangulares equiláteras, mas com padrão diferente do fractal 1, de números pares.

Observar-se-á o nível 1 até a linha 9; o nível 2 até a linha 18; e o nível 3 até a linha 27, sendo que a partir da linha 28 teremos um novo grande triângulo central iniciando o nível 4. Em cada lateral do triângulo central, teremos uma configuração idêntica ao nível 3.

Fig. VI-3
Fractal – Múltiplos de 3

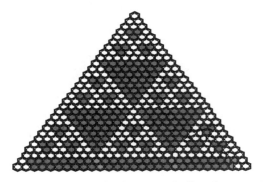

NOTA: O interessado em facilitar o trabalho observará que duas casas hexagonais cinzas fornecem a inferior da linha seguinte, também cinza, desde que a soma de múltiplos de 3 seja também um múltiplo de 3. Uma outra observação que pode ajudar é aquela que na segunda descendente da direita para a esquerda as casas hexagonais de 3 em 3 serão cinzas pois correspondem à sucessão 3, 6, 9, 12 etc. Também, como no fractal 1, a configuração apresenta simetria em relação a um eixo mediatriz.

## *Comentário*

Cremos que esses fractais apresentam-se bastante motivadores, devido aos belos visuais, integrando a matemática com a arte. Não poderíamos deixar de lembrar que trazem consigo possibilidades de explorações de conteúdo matemático usual ao nível do ensino médio.

Sugerimos, portanto, a realização de atividades educacionais de construção de outros fractais por múltiplos no triângulo aritmético.

Damos a seguir possíveis fractais para outros múltiplos, sobre os quais o professor poderá exercitar sua imaginação descobrindo como será o nível seguinte sem mesmo construí-lo efetivamente.

Fig. VI-4
Fractal – Múltiplos de 4
Nível 2 ?!

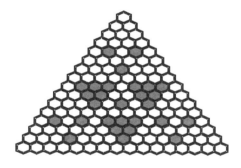

Fig. VI-5
Fractal – Múltiplos de 5
Nível ?!

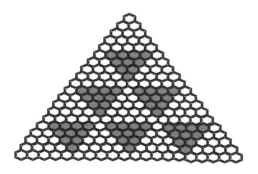

Fig. VI- 6
Fractal – Múltiplos de 7
Nível 2 ?!

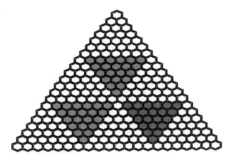

**Nota:** Caso continuar a construção dos fractais de múltiplos de 5 e também de múltiplos de 7 notará que os padrões diferem bastante.

Fig. VI-7

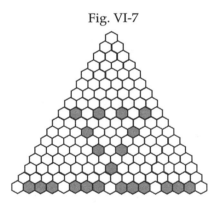

*Fractal múltiplos de oito*

**Convites**
Que tal continuar o fractal dos múltiplos de 8?!
*Experimente construir o fractal dos múltiplos de 9.*

**Atenção:** *Seria fractal a configuração dos múltiplos de 6? E dos múltiplos de 10?*

Capítulo VII

# Fractais com recursos computacionais

Este capítulo trata da utilização de recursos computacionais para a construção de fractais. Não pretendemos ensinar o uso de softwares na obtenção de fractais, mesmo porque seria uma tarefa difícil e impossível na sua totalidade. De fato, não somos especialistas em computação, trabalhamos principalmente com softwares educacionais ou voltados para a educação. Nosso objetivo é informar e interessar leitores mostrando a beleza que se pode conseguir.

Nosso posicionamento nos levou a organizar este capítulo com contribuições de alguns convidados. Assim, ele é aberto com uma pequena mostra das possibilidades do Nfract, com o seu próprio criador Francesco Artur Porretti. A seguir oferecemos uma nossa particular contribuição com o SLOGOW complementada com o Jogo do Caos, introduzido no capítulo I, agora com conjuntos de programas do colega Davi de Sousa. A aplicação do CABRI-géomètre II a fractais contou com a atenciosa colaboração do amigo Marcos Luiz Lourenço, talvez o maior especialista entre nós no software. Já para o Geometricks, foi-nos corretamente adequado convidar, Telma Gracias, do GPIMEM da UNESP de Rio Claro-SP. A seguir, o capítulo conta com a gentil colaboração de dois outros especialistas em computação: Edna Sensako e Osvaldo Severino Júnior, ambos colegas da FAFICA, que contribuíram com trabalhos em linguagem C e Java, respectivamente.

Como veremos, em seguida, a informática pode modificar a forma da compreensão da Matemática. Verá, o leitor, que é difícil ou impossível conhecer o conjunto de Julia sem a participação da matemática. Tal questão, da interação informática – matemática é discutida extensivamente em Borba e Penteado (2001).

## A - Usando Nfract

Inserimos neste texto, por gentileza do autor do Nfract, Prof. Ms. Francesco Artur Perrotti, diretor da FATEC-Taquaritinga/SP, nosso prezado amigo, alguns exemplos de imagens fractais.

Cumpre-nos salientar com destaque que o software Nfract-exe, em Delphi, segundo nossas informações, seja possivelmente o único software nacional no campo; que, mesmo em sua versão preliminar, gera belíssimos fractais tipo Mandelbrot ou Julia. O CD-rom correspondente é anexado a esta nossa obra com um tutorial dado em apêndice ao final do livro. Decorre, então, que neste pequeno texto interno são dadas pelo seu autor apenas algumas notícias que permitam algum esclarecimento prévio.

### Francesco Artur Perrotti

O programa Nfract implementa um polinômio (variável complexa) de $7°$ grau, calcula e produz as imagens fractais geradas por ele. Os coeficientes do polinômio podem ser ajustados para qualquer valor desejado, permitindo a geração de infinitas imagens. O famoso conjunto de Mandelbrot está incluído no polinômio. Para gerá-lo basta zerar todos os coeficientes, com exceção do coeficiente de $2°$ grau, que deve ser ajustado para o valor 1 (opção default do programa).

As imagens são calculadas utilizando a técnica de "tempo de fuga". Esta técnica verifica quantas iterações são necessárias para que determinado ponto "escape" de um círculo de raio 2 no plano complexo. A posição do ponto é fornecida como parâmetro para a equação e o resultado realimenta a equação na próxima iteração. O campo *profundidade* do programa indica o número máximo de iterações que o programa calcula para cada ponto da imagem. Quando o ponto escapa do círculo, ou quando o número máximo de iterações é atingido, o valor obtido é usado como índice em um mapa de cores para obter a cor do ponto. O programa fornece uma boa variedade de mapas de cores e ainda permite a criação de novos mapas.

## *O conjunto de Julia*

O conjunto de Mandelbrot é calculado de maneira recorrente pela equação $Z_n = Z^2_{n-1} + C$, onde $C$ representa coordenadas no plano complexo. Na primeira iteração, $Z$ é inicializado com a origem *(0, 0)*, a partir daí, $C$ continua fixo e $Z$ recebe o valor da iteração anterior. Fazendo uma pequena alteração neste algoritmo, conseguimos uma outra classe de fractais chamada de *Conjunto de Julia*, em homenagem ao matemático que a descobriu.

Para obter esse conjunto escolhemos um valor para $C$ e o tornamos fixo para toda a imagem. O resultado é uma imagem completamente diferente da imagem formada pelo Conjunto de Mandelbrot. Considerando que para cada ponto do plano no Conjunto de Mandelbrot existe uma imagem no Conjunto de Julia, o Conjunto de Mandelbrot pode ser considerado um mapa ou um índice do Conjunto de Julia.

As figuras 1, 2, 3 e 4 ilustram o Conjunto de Julia obtido a partir de alguns pontos do Conjunto de Mandelbrot. O programa NFract permite o cálculo das imagens do Conjunto de Julia de uma maneira bastante simples e visual.

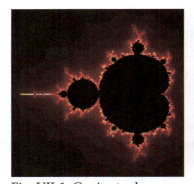
Fig. VII-1: Conjunto de Mandelbrot

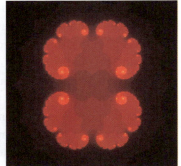
Fig. VII-2: Conjunto de Julia
C = (0,3; 0)

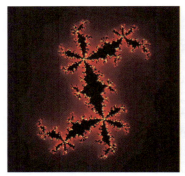
Fig. VII-3: Conjunto de Julia
C = (0,4; 0,34)

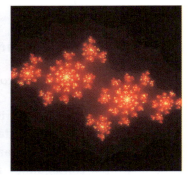
Fig. VII-4: Conjunto de Julia
C = (-0,71; -0.38)

Esta maneira de encarar o Conjunto de Julia faz com que cada imagem seja um objeto independente. No entanto, podemos pensar que todas as imagens possíveis do Conjunto de Julia, geradas a partir do Conjunto de Mandelbrot, são fatias de um mesmo objeto de 4 dimensões. Se cada ponto no Conjunto de Mandelbrot gera um plano no Conjunto de Julia, então um segmento de reta, ou um arco, ou uma curva qualquer no plano de Mandelbrot irá gerar uma sequência de planos de Julia que se forem empilhados juntos, na mesma sequência, formam um sólido. Esta versão do programa ainda não é capaz de mostrar esse sólido em 3 dimensões, mas permite visualizar cortes do sólido fixando um valor no eixo X, Y, ou Z. A figura VII-5 mostra como uma sequência de planos do Conjunto de Julia pode formar um sólido.

A figura VII-6 ilustra cortes no sólido fixando valores no eixo X e Y respectivamente. O programa permite fixar qualquer valor para os eixos X e Y.

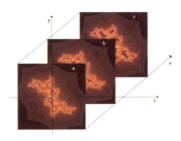

Fig. VII-5 - Formação de um sólido a partir de uma sequência de planos no Conjunto de Julia. Empilhando um número suficiente de planos em sequência, podemos gerar um objeto sólido.

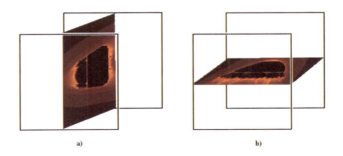

Fig. VII-6: a) Corte no sólido para X = 0. b) Corte no sólido para Y = 0.

## B - Usando o Slogow

O LOGO é uma das linguagens de programação, desenvolvida ao final da década de 60, derivada do LISP (List Processing) pelo Laboratório de Inteligência Artificial do Instituto de Tecnologia de Massachussetts (MIT), com finalidade pedagógica. É adequado a séries e disciplinas do ensino fundamental, principalmente, e ensino médio, em várias situações do ensino-aprendizagem conforme as ideias básicas de Seymour Papert. No Brasil tivemos várias versões, algumas em uso, outras em desuso, contudo a versão Microsoft Windows Logo (SLOGOW), desenvolvida pela Universidade de Carolina, Berkeley, traduzida e divulgada pelo NIED/UNICAMP, parece-nos ser não só a mais difundida como a mais aceita pelos usuários, compatível com o ambiente windows. Entretanto, cumpre-nos destacar, ainda que vários trabalhos tenham sido publicados e algumas experiências e pesquisas realizadas, que seu potencial educacional não foi de todo explorado.

No que segue oferecemos alguns dos programas de que dispomos do software e respectivas plotagens.

---

### Ilha tipo Koch quadrangular

*Editar os seguintes programinhas:*
Aprenda kqua0 : lado
pf :lado pe 90 pf : lado pd 90 pf :lado pd 90 pf :lado pe 90 pf :lado
fim
ap kqua1 : lado :corcontorno
at ul mudeel [2 2] mudecl :corcontorno
repita 4[kqua0 : lado/3 pd 90] dt
fim
ap kqua2 : lado : corcontorno :corinterior
at ul mudeel [3 3] mudecl :corcontorno
repita 4[kqua0 :lado/9 pe 90 kqua0 :lado/9 pd 90 kqua0 :lado/9 pd 90 kqua0 :lado/9 pe 90 kqua0 :lado/9 pd 90]

```
pd 45 un pf :lado/4 mudecp :corinterior pinte pt :lado/4 pe 45
ul dt
fim
ap kqua3 :lado :corcontorno :corinterior
at ul mudeel {3 3] mudecl : corcontorno
repita 4[ kqua0 :lado/27 pe 90 kqua0 :lado/27 pd 90 kqua0 :lado/
27 pd 90 kqua0 :lado/27 pe 90
kqua0 :lado/27 pe 90 kqua0 :lado/27 pe 90 kqua0 :lado/27 pd 90
kqua0 :lado/27 pd 90
kqua0 :lado/27 pe 90 kqua0 :lado/27 pd 90 kqua0 :lado/27 pe 90
kqua0 :lado/27 pd 90
kqua0 :lado/27 pd 90 kqua0 :lado/27 pe 90 kqua0 :lado/27 pd 90
kqua0 :lado/27 pe 90
kqua0 :lado/27 pd 90 kqua0 :lado/27 pd 90 kqua0 :lado/27 pe 90
kqua0 :lado/27 pe 90
kqua0 :lado/27 pe 90 kqua0 :lado/27 pd 90 kqua0 :lado/27 pd 90
kqua0 :lado/27 pe 90
kqua0 :lado/27 pd 90]
pd 45 un pf :lado/4 mudecp :corinterior pinte pt :lado/4 pe 90
dt
fim
```

**Nota:** *Lembrar que nesse software os procedimentos internos ao comando repita não podem receber mudança de linha*

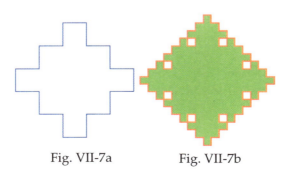

Fig. VII-7a     Fig. VII-7b

Fig. VII-8a        Fig. VII-8b

## *Comentário*

A Fig. VII-7a foi construída com kqua1 150 1 e a Fig. VII-7b com kqua2 150 4 10. Já na Fig. VII-8a empregamos pe 45 kqua3 210 1 10 un pd 90 pf 75 pe 45 kqua3 105 14 6. E a Fig. VII-8b, obtida da 8a, recebeu o efeito "papel de carta".

Nosso colega Marcos Lourenço teria usado uma alternativa com mais recorrências, evitando procedimentos muito extensos, que empregaremos resumidamente, para o **Floco de Neve** tradicional, a seguir; o que o leitor poderá adequar ao realizado.

---

*Editar*

Aprenda fnevetri0 :lado
pf :lado/3 pe 60 pf :lado/3 pd 120 pf :lado/3 pe 60 pf :lado/3
fim
ap fnevetri1 :lado
repita 3[fnevetri0 :lado pd 120]
fim
ap fnevetri21 :lado
fnevetri0 :lado/3 pe 60 fnevetri :lado/3 pd 120 fnevetri0 :lado/3 pe 60 fnevetri0 :lado/3

```
fim
ap fnevetri2 :lado
repita 3[ fnevetri21 :lado pd 120]
fim
ap fnevetri31 :lado
fnevetri21 :lado n/3 pe 60 fnevetri21 :lado/3 pd 120 fnevetri
:lado/3 pe 60 fnevetri21 :lado/3
fim
ap fnevetri3 :lado
repita 3[ fnevetri3e1 :lado pd 120]
fim
```

Na Fig. VII-9 empregamos: mudeel [2 2] mudecl 14 fnevetri3 120 pd 30 un pf 20 mudecp 0 pinte.

Fig. VII-9

## *Uma nova versão*

O Logo há alguns poucos anos teve uma nova versão: SUPERLOGO, também divulgada pelo NIED, com algumas modificações; hoje, comercializada pela Divertire Melhoramentos, com promissora aceitação. Essa versão apresenta um pequeno demo-show com alguns fractais e diversas combinações em mosaicos. Damos na Fig. VII-10 uma nossa combinação dos seus dois fractais "árvore":

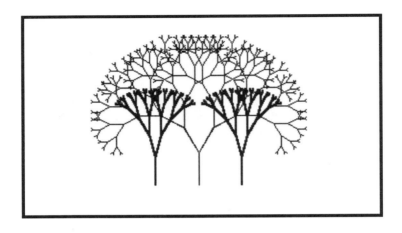

## *Ainda usando o Slogow - Jogo do caos*

No capítulo I, a título de ilustração, empregamos no item "*Ordem na Desordem*" uma construção geométrica conhecida como Jogo do Caos, quando vimos que subjacente a uma desordem, provocada pela aleatoriedade de vértices sorteados de um triângulo na marcação de pontos médios dos segmentos tendo por extremos o último ponto marcado e o vértice sorteado, existia uma ordem, uma regularidade. Agora, num capítulo apropriado, voltamos ao assunto usando, por exemplo, ainda o SLOGOW, para gerar os pontos a alocar sucessivamente e em número à nossa escolha. Contamos para tal com a gentil colaboração do "expert" Prof. Davi de Sousa, Gerente do CPD do Colégio Carlos Chagas Filho/Anglo, de São José do Rio Preto e docente da Faculdade Dom Bosco de Monte Aprazível que preparou a nosso convite três conjuntos fundamentais de programas para o Jogo do Caos, conforme nossas previsões, que determinadas construções geravam particulares fractais; nos quais efetuamos apenas pequenas alterações adequando-os melhor aos objetivos propostos e complementando-os com comentários supostamente úteis ao usuário.

**Davi de Souza**

a) Para o triângulo

*Resultado: Triângulo de Sierpinski*

---

Editar o seguinte conjunto de programas:

Aprenda a

dt atr "t 1 un esc [Clicar num ponto da tela] ativemouse [mudepos posmouse b atr "t :t+1] [] [] [][]

fim

aprenda b

se :t = 1 [atr "Ax coorx atr "Ay coory ul esc [clicar outro ponto na tela] ]

se :t = 2 [atr "Bx coorx atr "By coory esc [[ clicar mais um ponto na tela ] ]

se :t = 3 [atr "Cx coorx atr "Cy coory mudexy :Ax : Ay un esc [clicar num ponto dentro do triângulo] ]

se :t = 4 [atr "Dx coorx atr "Dy coory repita *numero* [c] ]

fim

aprenda c

atr "n sortnum 3

 se :n=0 [atr "Dx (:Ax +:Dx)/2 atr "Dy (:Ay + :Dy)/ 2 mudexy :Dx :Dy ]

se :n=1 [atr "Dx (:Bx +:Dx)/2 atr "Dy (:By + :Dy)/ 2 mudexy :Dx :Dy ]

se :n=2 [atr "Dx (:Cx +:Dx)/2 atr "Dy (:Cy + :Dy)/ 2 mudexy :Dx :Dy ]

ul pf 1 pt 1 um

fim

---

## Comentário

Antes de começar o usuário deve substituir, no programa **b,** onde está "*número*" pela quantidade efetivamente desejada de pontos a serem marcados.

Para iniciar o usuário deve digitar **a** na caixa de entrada; o programa **a** permite localizar livremente na tela, com auxílio do mouse, os três vértices do triângulo e ainda mais um ponto dentro desse triângulo; basta ir seguindo as instruções que aparecerão na tela: Clicar num ponto da tela, clicar outro ponto na tela, clicar mais um ponto na tela, e clicar num ponto dentro do triângulo.

O programa b coleta as coordenadas dos quatro pontos marcados na tela.

O programa c sorteia os vértices e troca as coordenadas do último ponto marcado pelas coordenadas do ponto médio.

Nas figuras VII-11a, b, c estão marcados respectivamente 200, 1.200 e 5.000 pontos.

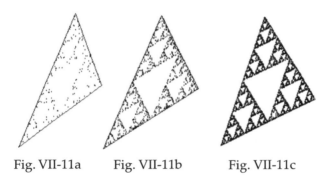

Fig. VII-11a     Fig. VII-11b     Fig. VII-11c

A) Programas para o quadrado
   *Resultado: Fractal em X, com quadrados*

   Editar o conjunto de programas

```
aprenda b
atr "n sortnum 5
c elem 1 elem :n+1 :pilha elem 2 elem :n+1 :pilha
fim
aprenda c :Px :Py
mudedç direçãopara lista :Px :Py
```

```
atr "Fx coorx
atr "Fy elem 2 pos
ul pf 1 pt 1 un
fim
aprenda qua :num :lado
atr "pilha []
un pf :lado/2 pd 90 pt :lado/2 un repita 4 [ pf :lado ip «pilha pos pd
90 ]
un mudexy :Ex :Ey ip «pilha pos
repita :num [b]
fim
```

## *Comentário*

O usuário para executar o conjunto de programas iniciará digitando na caixa de entrada:

- qua *número número,* onde o primeiro *número* será o número desejado de pontos a serem marcados e o segundo corresponde à medida do lado do quadrado.

O leitor observará que no programa c marca-se pontos não em pontos médios mas a 1/3 do vértice.

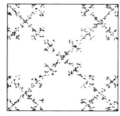

Fig. VII-12a,
Sorteio: 5
1.000 pontos

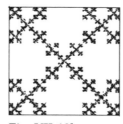

Fig. VII-12b,
Sorteio: 5
5.000 pontos

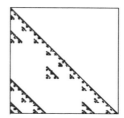

Fig. VII-12c,
Sorteio: 4
4.000 pontos

## *Comentário*

Mudando no programa b o número de pontos a sortear de 5 para 4 (Fig. VII-12c), obtém-se um fractal derivado em que cada quadrado parcial não se tem a parte acima da diagonal descendente. Fato parecido acontece trocando para 3 vértices sorteados (Fig. VII-12d). Os vértices eliminados do sorteio são sempre os primeiros da figura básica.

Retirando no terceiro programa, na terceira linha: *un pf :lado/2 pd 90 pt :lado/2,* obtém-se um fractal análogo sem a parte correspondente ao quadrado central.

A) Programas para o Hexágono

*Resultado: Fractal Hexagonal tipo Dürer*

Editar

```
aprenda b
atr "n sortnum 6
c elem 1 elem :n+1 :pilha elem 2 elem :n+1 :pilha
fim
ap c :Px :Py
mudedç direçãopara lista :Px :Py
pf 2/3*raizq ( (:Px - :Fx) * (:Px - :Fx) + (:Py - :Fy) * (:Py - :Fy) )
atr "Fx coorx
atr "Fy elem 2 pos
ul pf 1 pt 1 un
fim
aprenda hexa :num :lado
atr "pilha []
un pf :lado/2 pd 90 pt :lado/2 un repita 6 [ pf :lado ip «pilha pos pd 60 ]
un mudexy :Ex :Ey
repita :num [b]
fim
```

Fig. VII-13

 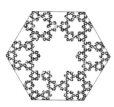 

13a, Sorteio: 6     13b, sorteio: 6     13c, sorteio: 5
2.000 pontos        6.000 pontos        3.000 pontos

## *Comentário*

Para iniciar, o usuário deve digitar na caixa de entrada: hexa *número número,* onde o primeiro número é o número desejado de pontos marcados e o segundo a medida do lado do hexágono básico.

Trocando no programa b o número de vértices para sorteio de 6 para 5, obtém-se um fractal derivado sem a parte correspondente ao hexágono do primeiro vértice (ver Fig. VII-13c).

## C- Usando o Cabri-géomètre II

No que segue será exposto, por gentileza de nosso amigo e colega de estudos, em várias pesquisas conjuntas, Prof. Dr. Marcos Luiz Lourenço, seu texto relativo a fractais de Koch, com ponta para o exterior (floco de neve) e ponta para o interior, com o CABRI – II (ambiente Windows), desenvolvido por J. M. Laborde e F. Ballemain (do *Institute d'Informatique et Mathématiques Appliquées-Grenoble-Université Joseph Fourrier*). Introduzido no Brasil principalmente pela PUC-SP, onde destacamos o Prof. Dr. Saddo Ag Almouloud. Atualmente o software é distribuído pela Texas Instruments.

## Marcos Luiz Lourenço

## *Construção fundamental*

1. Construção inicial

A primeira construção, que chamaremos básica, consiste em dividir o segmento AB em três partes congruentes e identificar (localizar) os pontos M e N sobre o segmento e o ponto F não pertencente ao segmento AB e tal que, unindo-os convenientemente, se obtenha a Fig. VII-14.

Fig. VII-14

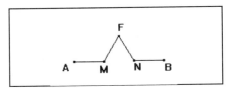

Esta construção é obtida com o uso de uma macro construção que divide a distância entre dois pontos (extremos de um segmento) em três partes congruentes e um terceiro ponto exterior ao segmento. A construção que será transformada em Macro construção tem por base o teorema de Tales (Fig. VII- 15).

Fig. VII-15

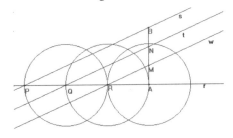

Uma vez dividido o segmento AB em três partes congruentes entre si, pode-se determinar o ponto F, equidistante de M e de N, conforme sugere a Fig. VII-16.

Fig. VII-16

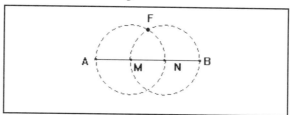

Com esta construção estamos em condições de definir a macro construção fundamental; esta macro deverá, tomando como objetos iniciais dois pontos (extremos de um segmento que ficará oculto nas construções), determinar os pontos que permitirão a construção do fractal (nível inicial), indicado na Fig. VII-13 e chamado de **trissecção**. Uma vez conseguida a divisão indicada na Fig. VII-16, é conveniente ocultar todos os elementos auxiliares deixando apenas os 4 pontos, conforme a Fig. VII-17.

Fig. VII-17

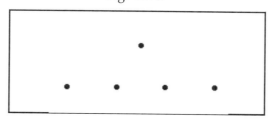

2. Este procedimento permitirá a construção de novas macros que darão origem às construções desejadas. Em nosso experimento chamamos esta macro de frac 1.

3. Com esta macro construção podemos construir a nossa primeira divisão de, por exemplo, um triângulo equilátero. Para que a construção fique com uma aparência mais elegante, devemos ocultar os lados do triângulo e tomar seus vértices como extremos do segmento que será dividido pela macro frac 1. A Fig. VII-18 pode esclarecer a ideia.

Fig. VII-18

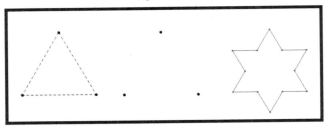

## Construção de fractais múltiplos

1. A construção de fractais com múltiplas divisões e com aparências diversificadas segue o princípio da subdivisão dos segmentos. Um segmento dividido pela **trissecção** dá origem a quatro novos segmentos que podem ser trisseccionados, dando cada um deles origem a novos 4 segmentos que podem, novamente, ser trisseccionados e assim por diante, indefinidamente.

A Fig. VII-19 explicita o procedimento da trissecção sucessiva

Fig. VII-19

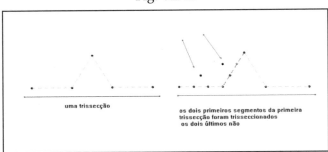

Uma construção de segunda ordem deve ficar com a aparência da Fig. VII-20

Fig. VII-20

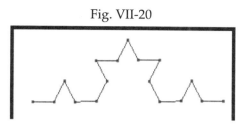

2. Para construir uma figura com o fractal de segunda ordem (nível 2), é conveniente determinar os vértices de um triângulo equilátero, construir a trissecção básica e, finalmente, a trissecção de segunda ordem (o Cabri Géomètre permite que se construa diversas macro construções que facilitarão o trabalho). Com o procedimento podemos construir a Fig. VII-21.

3. O processo pode ser repetido indefinidamente e as figuras ficam cada vez mais parecidas com os fractais de Koch. A Fig. VII-22 é uma forma de apresentar o trabalho.

Fig. VII-21  Fig. VII-22

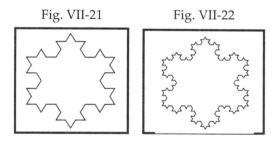

## *Outras figuras formadas com os fractais*

As figuras 23 e 24 foram compostas utilizando "fractais" descritos.

Fig. VII-23  Fig. VII-24

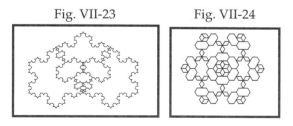

Diferentes visualizações podem ser conseguidas, conforme construímos o fractal "para dentro" ou "para fora" do triângulo (ver figuras 25a e 25b ). Aplicando por exemplo "para dentro" novamente em 25b em todos seus segmentos, obtém-se a 26.

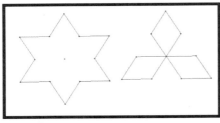 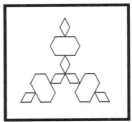

Para fora
(sentido horário)
Fig. VII-25a e 25b

Para dentro
(anti-horário)
Fig. VII-26

## D - Usando o geometricks

O software educacional Geometricks foi criado por Viggio Sadolin da "*The Royal Danish School of Education*", e trazido para o Brasil em 1999 pelo IGCE / UNESP-Rio Claro, onde destacamos o papel do GPIMEM, em particular dos professores M. C. Borba, M. G. Penteado e R. Zulatto. Ele possui uma opção para a construção de certos fractais. A seguir, será fornecido um texto correspondente da Profa. Ms. Telma A. Souza Gracias, do próprio GPIMEM, que muito gentilmente nos autorizou a inseri-lo neste capítulo.

### Telma A. Souza Gracias

O *Geometricks*, software de geometria dinâmica, também pode ser utilizado na introdução do estudo dos fractais. Este software possui um recurso que permite a definição de elementos sobre os quais são aplicadas certas transformações que, por meio de iteração, geram os fractais.

Vamos, então, construir o triângulo de Sierpinski no *Geometricks*. Optamos por colocar instruções passo a passo a fim de que o leitor possa fazer a construção mesmo que tenha pouco conhecimento do software. Além disso, aqueles que não têm a disponibilidade de uso do software ou não o conhecem podem entender a lógica que o software utiliza.

Fig. VII-27: Triângulo de Sierpinski

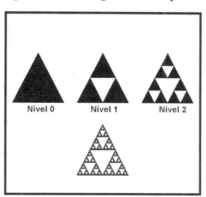

1. Construa um triângulo **ABC**;
2. Marque o ponto médio **E** de **AB**, o ponto médio **F** de **BC** e o ponto médio **D** de **AC**;
3. Construa os segmentos de reta **DF**, **EF** e **DE**;
4. Defina o fractal;
5. Desenhar o nível zero deste fractal.

---

Clique em **Fractais/Definir fractais**.

Digite 4 para o número de ternas.

Indique as ternas clicando em (**A, B, C**) (**A, E, D**) (**E, B, F**) (**D, F, C**).

Observe que a ordem é importante.

Clique em **Fractais/Apagar desenho do fractal**.

Clique em **Fractais/Níveis**.

Digite o número 0.

Obs: o nível zero é constituído de todos os pontos que estão no interior do triângulo, definido pela primeira terna indicada na definição do fractal. Aparecerá uma figura semelhante a esta:

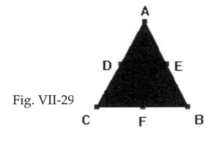

Fig. VII-29

3 - Desenhar o nível 2 deste fractal

Clique em **Fractais/Apagar desenho do fractal**.

Clique em **Fractais/Níveis**.

Digite o número 2.

O processo de repete para cada área hachurada.

4 - Desenhar o fractal

> Clique em **Fractais/Desenhar fractal**.
> Aparecerá uma figura semelhante à seguinte:
>
>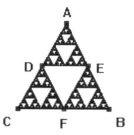
>
> Observe que ao solicitar o desenho de um nível do fractal ou do próprio fractal, surge no canto superior da tela o símbolo abaixo. É preciso clicar neste símbolo para que o software pare a operação de desenhar o fractal.
>
>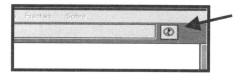
>
> Fig. VII-30

Seguindo os passos acima é possível fazer a construção do triângulo de Sierpinski e observar os vários níveis deste fractal.

É importante notar que para definir o fractal o *Geometricks* utilizou-se de ternas. Neste software este é o único modo de definir a terna principal (ou base). Como, então, construir o fractal seguinte, variação do triângulo de Sierpinski?

O fractal seguinte é obtido pela remoção de quatro quadrados de um quadrado maior.

Como sugestão, indicamos a utilização da grade para facilitar a localização dos vértices dos quadrados.

Para construir este fractal temos que pensar em desenhar o quadrado utilizando-se de ternas. Isto é possível se dividirmos o quadrado em triângulos. Traçando a diagonal do quadrado obtemos dois triângulos congruentes.

Consideremos um desses triângulos, olhando para o Nível 1 deste fractal, percebemos que este triângulo é formado por 9 triângulos menores congruentes, dos quais quatro serão retirados (ou seja, dois quadrados). Siga, agora, o processo utilizado no fractal anterior. Lembre-se de que serão utilizadas 6 ternas. Após esse procedimento metade do fractal estará construído.

Concluída esta parte, faça o mesmo no segundo triângulo. Deste modo, o fractal da Cruz em X de quadrados será construído.

Fig. VII-31: Fractal em X de quadrados

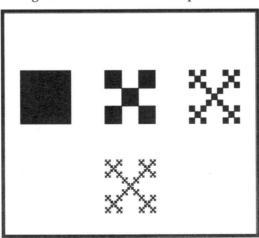

## E - Usando a linguagem C

Criada em 1972 nos laboratórios da Bell, por Dennis Ritchie e Ken Thompson, a linguagem C é uma melhorada da antiga "B". Essa linguagem é ferramenta de programação útil a muitos sistemas, e por isso bastante divulgada, ensinada e empregada no Brasil. No que segue, damos fractais utilizando linguagem "C", com programas da Profa. Ms. Edna Y. Sensako, nossa colega em instituição acadêmica e, neste último ano, na FAFICA-Catanduva, que muito atenciosa se prontificou a fornecê-lo nos autorizando a inseri-lo.

### Edna Yoshiko Sensako

Diante da extensão dos programas em linguagem C, oferecemos a seguir apenas as imagens dos fractais correspondentes. O interessado poderá consultar nossos programas inseridos no CD anexo ao livro.

Fig. VII-32: Curva de Hilbert-nível 7

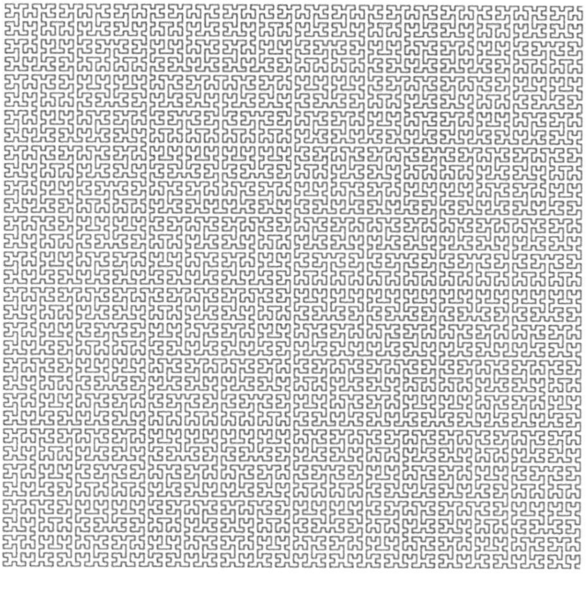

Fig. VII-33: C.Hilbert - superposição de níveis

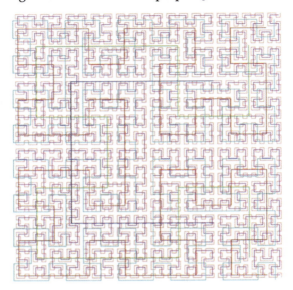

Fig. VII-33: Curva de Sierpinski-nível 4

Fig. VII-34: Curva de Sierpinski-nível 5

Com permissão da prezada programadora Profa. Edna. aplicamos a seguir um efeito Relevo do Microsoft Photo Editor. Em geral essas curvas costumam fornecer visualização em 3D, especialmente aquelas com efeito relevo.

Fig. VII-35: Curva de Hilbert – efeito Relevo

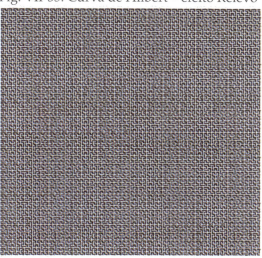

## F - Usando Java

Java é uma linguagem de programação orientada a objetos que foi projetada para ser portável entre diferentes plataformas e sistemas operacionais. Desenvolvida pela *Sun Microsystems* (*www.sun.com*) em 1995, Java está modelada conforme a linguagem de programação C++ e inclui recursos especiais que a tornam ideal para programas na Internet. A seguir, damos figuras fractais utilizando JAVA, com programas do Prof. Ms. Osvaldo Severino Júnior, nosso colega da FAFICA – Catanduva, que gentilmente as forneceu nos autorizando a inseri-las.

### Osvaldo Severino Junior

Desde que os programas em JAVA são um pouco extensos, oferecemos só as imagens dos fractais correspondentes. O interessado poderá consulta-los inseridos no CD em anexo ao livro.

Fig. VII-36 – Fractal Octogonal tipo Dürer

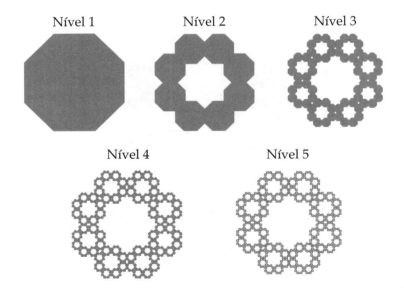

Fig. VII-38: Fractal tipo Koch Alternado

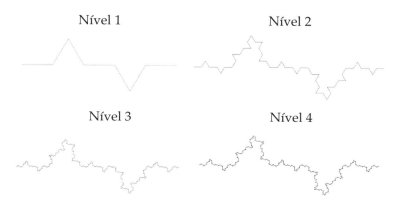

Fig. VII-39: Ilha Triangular com curva tipo Koch Alternada

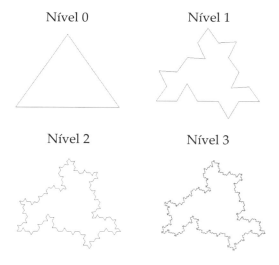

# Referências bibliográficas

## 1- Livros/Dissertações

BARNSLEY, M. *Fractals Everywhere*. San Diego: Academic Press, 1988.

BRAUN, E. *Caos, Fractales y Cosas Raras*. SEP, la ciencia/150, México: FCE, CNCT, 1996.

COZIN, L. F. *Modelagem e Visualização de Fractais em 3-D*. S.Carlos: ICMS/USP, 1995. (Dissertação/mestrado)

CRILLY, A. J.; EARSHAW, R. A. and JONES, H. *Fractals and Chaos, Springer*. N. Y.: Verlag, 1991.

DEVANEY, R. L. *An Introduction to Chaotic Dynamical Systems*, N.Y.: Addison-Wesley, 1989.

_____. *Chaaos, Fractals and Dynamics: computers experiments in mathematics*, Menlo Park: Addison-Wesley, 1990.

FALCONER, K. J. *The Geometry of Fractals Sets*: Cambridge: Cambridge University Press, 1985.

FALCONER, K. J. *Fractal Geometry: Mathematical Foundations and Applications,* N. Y.: Willey, 1990.

FEDER, J. *Fractals*, N. Y.: Plenum Press, 1988.

GLEICK, J. Caos: *A criação de uma nova ciência* (trad.). R. Janeiro: Campus, 1990.

GUZMÁN, M.; MARTÍN, M. A.; MÓRAN, M. y REYS, H. *Estructuras fractales y sus aplicaciones*. Barcelona: Labor, 1993.

LEITE, C. C. C. *Introdução à dinâmica das funções racionais*, S. J. R. Preto: IBILCE/UNESP, 1995. (Dissertação/mestrado).

MANDELBROT, B. P. *The Fractal Geometry of Nature*. N. Y.: Freeman, 1977.

MANDELBROT, B. P. *Objetos Fractais*. Lisboa: Gradiva, 1998

PEITGEN, H. O. and RICHTER, P. H. *The Beauty of Fractals*. N.Y.: Springer, 1986.

PEITGEN, H. O.; JÜRGENS, H. and SAUPE, D. *Fractales for the Classroom: Strategic Activities,* Vol One, N.Y.: Springer-Verlag /NCTM, 1991.

PEITGEN, H. O.; JÜRGENS, H. and SAUPE, D. *Fractales for the Classroom*. N.Y.: Springer-Verlag /NCTM, 1992.

STEWART, I. *Será que Deus joga dados? A nova matemática do Caos*, (trad.) Coleção Ciência e Cultura, R. Janeiro: Zahar, 1990.

TALANQUER,V. Fractus, Fracta, Fractal: *Fractales, de laberintos y espejos*. México: SEP. la ciência/147, FCE, CNCT, 1996.

## 2- Artigos (Elementares)

BANNON, T. J. "Fractals and Transformation". *Math.Teacher*, 84, p. 178-185, 1991.

BARTON, R. "Chaos and Fractals". *Math. Teacher*, 83, p. 524-529, 1990.

CAMP, D. R. "A Fractal Excursion", *Math. Teacher*, 84, p. 265-275, 1991.

_____. "Benoit Mandelbrot: The Euclid of Fractal Geometry". *Math. Teacher*, 93, p. 709-711, 2000.

CIBES, M. "The Sierpinki Triangle: deterministic versus random models". *Math. Teacher*, 83, p. 617-621, 1990.

COES, L. "Building Fractal Models with Manipulations". *Math. Teacher*, 86, p. 646-651, 1993.

FRANTZ, M. and LAZARNICKS, S. "The Mandelbrot set in the classroom". *Math. Teacher*, 84, p. 173-177, 1991.

KERN, J. F. and MAUK, C. C. "Exploring Fractals: a problem solving adventure using mathematics and Logo". *Math. Teacher*, 83, p. 179-185, 1990.

MOREIRA, I. C. "Os primórdios do caos deterministico". *Ciência Hoje*, 14, 80, 1992.

NAYLOR, M. "Exploring Fractals in the Classroom". *Math. Teacher*, 92, p. 360-364, 1999.

PIRES, A. S. e COSTA, B. V. "A desordem inevitável". *Ciência Hoje*, 14, 80, 1992.

RANDI, L. and WESTERBERG, J. "Fractals in High School: Exploring a new geometry". *Math. Teacher*, 92m, p. 260-269, 1999.

SMITH, E. and DAVIS, B. "Fractal Cards: A space for exploration in Geometry and Discrete Mathematics". *Math. Teacher*, 91, p.107-108, 1988.

ZUIN, E. S. L. *"Fractais: Matemática e magia;* Extensão (cad. da Pró-Diretoria de Extensão da PUC-Minas), 10, 31/32, p. 27-36, 2000.

_____. *Caos – nas asas de uma borboleta.* Extensão (cad. da Pró-Diretoria de Extensão da PUC-Minas), 10, 31/32, p. 37-41, 2000.

_____. *O que é dimensão fractal.* Extensão (cad. da Pró Diretoria de Extensão da PUC-Minas), 10, 31/32, p. 63-70, 2000.

## 3- Complementos

ASPERTI, A. C. e MERCURY, F. Topologia e Geometria das Curvas Planas. CNPq/IMPA, 13º CBM, Poços de Caldas. *Conjunto de Cantor,* p. 14-21, 1981.

BARBOSA, R. M. *Descobrindo Padrões Pitagóricos,* São Paulo: Atual. *Ternas pitagóricas, Sucessão de Fibonacci,* p. 53-81, 1993 a.

_____. *Descobrindo padrões em Mosaicos.* São Paulo: Atual. *Configurações,* p. 25-34, 57, 1993 b.

_____. Aprendendo com padrões mágicos, Coleção Caderno Ensino Aprendizagem, n.1, SBEM-SP. *Dürer, Melancolia, pentagono "regular", quadrado mágico de ordem 4;* p. 99-103, 2000.

BERZOLARI, L.; VIVANTI, G. e GIGLI, D. Enciclopedia delle Matematiche Elementari, Milano: Ulrico Hoepli. *Publicações precursores; Vários volumes,*1950.

BORBA, M. C. e PENTEADO, M. G. *Informática e Educação Matemática,* Belo Horizonte: Autêntica, 2001.

CARVALHO, M. C. C. S. *Padrões numéricos e seqüências*. São Paulo: Moderna. *Programs Basic: Curva de Koch e Triângulo Sierpinski. Ver encaixe,* 1997.

_____. Padrões numéricos e funções. São Paulo: Moderna. *Iteração, órbitas, 41-43, 62-63,* 1998.

EVES, H. *A Survey of Geometry*, Vol. Two, Boston: Allyn and Bacon *Curvas patológicas,* p. 250-258, 1965.

GARDNER, M. *Mathematical Magic Show*. London: Penguin Books. *The Dragon Curve,* p. 207-220, 1977.

_____. *Fractal Music, Hypercards and more: mathematical recreations from Scientific American*, N.Y.: Freeman. *White, Brown and Fractal Music,* 1992, 1-21.

GARDNER, M. *Ah, Apanhei-te: Paradoxeds de pensar e chorar por mais...* (trad.) Lisboa: Gradiva, 1993. *Uma curva patológica (cristal de neve) e referência à "flowsnake" de Wiliam Gosper,* p. 117-119.

IZAR, S. A. e TADINI, W. M. *Teoria axiomática dos conjuntos: uma introdução*. S. J. Rio Preto: DM- IBILCE/UNESP, 1998. *Teoria ingênua dos conjuntos, Cantor, 1-3*

LIPSCHUTZ, S. *Teoria dos Conjuntos*, (trad.). R. Janeiro: Livro Técnico. *paradoxo de Cantor, 263,* 1967.

_____. S. Topologia Geral, (trad.). R. Janeiro: Mc Graw do Brasil. *Conjunto de Cantor,* 224-226, 230-231, 1971.

LORIA, G. Storia delle Matematiche dall'alba della civiltà al secolo XIX, Milano: Ulrico Hoepli, 1950. *Dados históticos de precursores.*

PAIS, L.C. *Didática da Matemática - Análise da Influência Francesa*. Belo Horizonte: Autêntica, 2001.

NORTHROP, L. P. Fantasies et Paradoxes Mathématiques. Paris: Dunod. *"floco de neige" e curvas de Sierpinski,* p. 143-149, 1956.

SUPPES, P. Axiomatic Set Theory, D.Van Nostrand, Princeton. *teoria ingênua, Cantor, 1-3,* 1960.

WELLS, D. The Penguin Dictionary of Curious and Interesting GEOMETRY, Penguin Books, London.*Mandelbrot Set,* p. 146-148, 1991.

# Apêndice à 2ª edição
## Atividades para sala de aula
## *Novos fractais*

Leitores têm me solicitado a construção de novos fractais adequados ao trabalho docente, no *ensino fundamental* ou *médio*, e mesmo para o *ensino superior*. Não podendo faltar ao objetivo primordial do livro, conforme seu próprio título, segue a inserção deste apêndice. Mas, sobretudo, gostaríamos que os colegas continuassem a aproveitar a Geometria Fractal, atraente e plena de beleza emergente, com suas regularidades nas irregularidades, e sua auto similaridade, fixando ou introduzindo temas da Geometria Euclidiana..

### A. - Fractais geométricos planos
*Análogos ao triângulo de Sierpinski (redução 1:2)*

**a)** *A partir de um ângulo reto de lados iguais, e um quadrado*

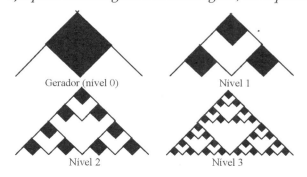

**Exploração** – Descobrir o número de quadrados: 1, 3, $3^2$, $3^3$.... $3^n$.

**b)** *A partir de três quadrados grandes (iguais) justapostos, um superior e dois inferiores.*

  **b.1**- sem vão entre os dois inferiores;

Gerador     Nível 1     Nível 2

  **b.2**- com afastamento entre os quadrados inferiores;

Gerador     Nível 1     Nível 2

**Exploração** - Descobrir a área do fractal de nível supondo lado unitário em cada quadrado inicial:

$$3,\ (3/2)^2,\ (3/2)^3,\ ....\ (3/2)^n$$

**c)** *A partir de 3 círculos grandes iguais tangentes dois a dois*

Nível 0     Nível 1     Nível 2

**Sugestão:** Que tal fazer outros ornamentos nos círculos ou usar cores?!

**Exploração** - Descobrir a área do fractal de nível n, supondo raios unitários dos círculos iniciais

$$3\pi, \ (3/2)^2\pi, \ ;; \ ... \ , (3/2)^n\pi$$

**d)** *A partir de 3 corações*

Como trabalho extra-classe, poderia solicitar que os alunos pintem os diversos níveis do fractal em vermelho?!

Nível 0    Nível 1    Nível 2

**e)** *A partir de 3 arcos de circunferência de ð/2 radianos, com auxílio dos respectivos centros*

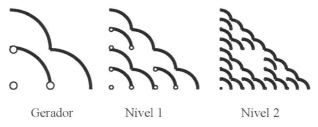

Gerador    Nível 1    Nível 2

**f)** *Com gerador de 3 segmentos de reta paralelos sendo dois adjacentes*, e auxílio de suas extremidades e mais um ponto.

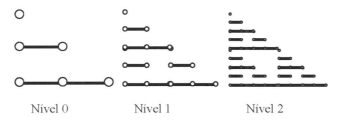

Nível 0    Nível 1    Nível 2

**g)** *Com gerador dado por 3 quadrados com ornamento em cruz.*

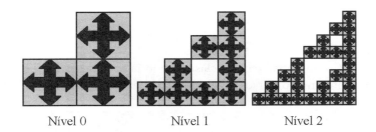

Nível 0   Nível 1   Nível 2

**Exploração** – Calcular a sucessão das áreas das regiões interiores supondo o lado unitário de cada quadrado inicial:

0, $1/2^2$, $9/2^3$, $55/2^4$, ........ Explorar a sensação do belo

**Continuação:** Em todos fractais anteriores continuar obtendo-os até o nível 4; e observar os seus visuais comparando-os com o do Triângulo de Sierpinski.

### B – Fractais geométricos espaciais

**a)** *Gerador com um cubo no canto de um triedro tri-retângulo*

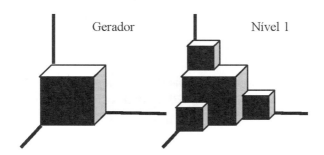

Os vários níveis são obtidos colocando em cada triedro tri-retângulo um cubo reduzido (por exemplo 1:2).

**Exploração** – Descobrir a sucessão dos números de cubos
em cada nível:  1, 1+ 3= 4,  1+ 3(1 + 3) =13,  .... ;
e a recorrente $c_n = 3c_{n-1} + 1$

**Continuação:** Construir o fractal de nível 2.

**Sugestões**

1) Desenhar em papel de pontos isométrico (triangular);

2) Usar material manipulativo (cubos de madeira); porém, substituindo redução 1:2 por ampliação 2:1. Ver figuras seguintes do gerador e nível 1:

Convém observar que no nível 1 o cubo maior é composto de 8 pequenos cubos, e no nível 2 ele deve ter 64 cubos de madeira ($4^3$). A recorrente do total de cubos será $c_n = 3c_{n-1} + (2n)^3$.

**Nota:** *Aqui, a contagem dos cubos se modifica, terá com certeza um interesse maior dos alunos, desde que fornece o total de cubos necessários para a construção de um determinado nível.*

*Curiosamente serão precisos 97 e 803( será ?!) cubinhos para os níveis 2 e 3 respectivamente.*

**b)** *Gerador obtido por remoção de um cubo pequeno de cubo 2x2.*

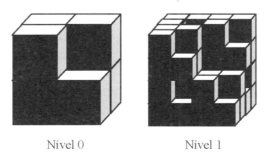

Nível 0           Nível 1

**Atividade:** Construir o nível 2.

**Exploração-** Descobrir a recorrente correspondente do número de cubos. Este fractal pode ser construído com cubos de madeira ?!

**c)** *Fractal por dobraduras e cortes - Forma de paralelepípedo*

**Material:** Um retângulo grande de cartolina e estilete (ou tesoura);

**Construção:** Dividir o retângulo ao meio com um segmento retilíneo (traço interrompido).

Dividir o segmento em 4 partes iguais com os pontos A, B e C; as partes externas a AC serão para as dobras D1, e AC para a D2. Construir por A e C segmentos perpendiculares (traço contínuo) com A e C pontos médios (para cortes). Em suas extremidades desenhar segmentos (traços interrompidos) das dobras D3.

Com o estilete fazer os cortes; e realizar as dobras D1 para frente, até obter a parte superior ortogonal à inferior. Com a ponta de um lápis empurrar a parte central para frente, efetuando a dobra D2 para trás, e as dobras D3 para frente. Obtém-se, então, o gerador.

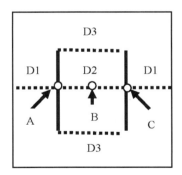 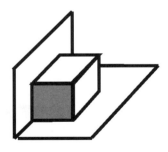

Para construção do nível 1 basta proceder analogamente ao realizado para o gerador; agora duplamente, sobre os segmentos das dobras D3 empregadas para o gerador; e assim sucessivamente até o nível "desejado" possível:

Descobrindo a Geometria Fractal

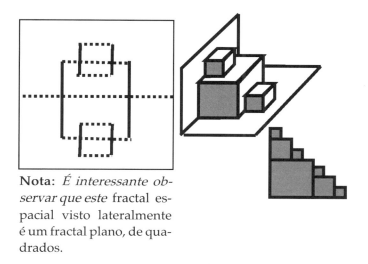

**Nota:** *É interessante observar que este* fractal espacial visto lateralmente é um fractal plano, de quadrados.

**Exploração** – Descobrir a sucessão das quantidades das formas de paralelepípedos: 1, 1+ 2 = 3, 1 + 2(1 + 2)= 7, 1 + 2[1 + 2(1+2)] = 15, ... dada pela recorrente $p_n = 2p_{n-1} + 1$.

## C– Fractais pela fronteira

### a) *Denteado reto alternado cima-baixo*

É dado um segmento dividido em 4 partes iguais. A poligonal denteada, com dentes de forma quadrangular sobre o segmento, indica que *cada segmento deve ser substituído pelo diagrama poligonal reduzido sucessivamente.*

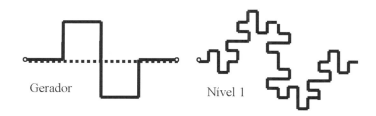

*Sugerimos a conveniência em iniciarmos com um segmento bem comprido.*

**Continuação:** Construir em continuação os níveis 2 e 3.

**Exploração** - Determinar os comprimentos dos níveis, descobrindo o seu termo geral, supondo que o comprimento do segmento inicial é C unidades: $T_n = 2^{n+1}.C$. E para $n \to \infty$ ?

**b)** *Denteado ponteagudo alternado cima-baixo*

É dado um segmento dividido em 4 partes iguais e uma poligonal com dois dentes pontudos, um para baixo e outro para cima, ambos na forma de triângulo equilátero.

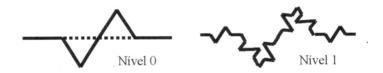

Nível 0   Nível 1

**Continuação:** Construir em continuação os níveis 2 e 3; mas, lembramos que, para esta atividade, também é recomendável começar com um segmento bem comprido.

**Exploração-** Determinar a sucessão de comprimentos dos níveis, descobrindo o seu termo geral por inferência sobre os casos iniciais; supor C o comprimento do segmento inicial.

**Nota:** *Atividade interessante seria a construção de ilha fractal hexagonal ou triangular equilátera repetindo nos lados do contorno algum nível dos dois fractais anteriores, que são adequados para fronteiras.*

## D – Fractais planos por remoção

**a)** *Fractal "ESQUADRILHA AÉREA"*

É dado um quadriculado 3 x 3, e são removidos (eliminados) 4 (em branco na figura) dos 9 quadrados para se obter o gerador. De um nível para o nível sucessivo cada quadrado é substituído pela figura do nível; portanto com redução 1:3.

Descobrindo a Geometria Fractal

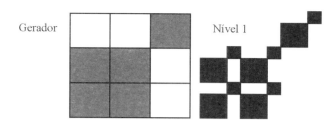

Sugerimos obter o fractal nos níveis 2 e 3; é claro, com o iniciador com quadrados grandes. Ao nível 3 (ou mesmo 2) já será justificado o nome empregado para o fractal; mas o leitor pode nomeá-lo conforme interprete o visual ("pipas no céu" ?!).

Este fractal, como o seguinte, é adequado para ser construído com material manipulativo composto de pequenos quadrados de madeira, (ou na 2ª.opção do próximo com triângulos de madeira), mas utilizando ampliação 3:1.

**Exploração** – 1) Determinar a área para um nível genérico n, descobrindo-a por inferência sobre as áreas dos níveis iniciais.

2) No caso de emprego de material manipulativo, uma exploração prévia conveniente é o cálculo de quantos quadrados de madeira serão necessários para obtenção de um nível especificado.

**b)** *Fractal "PRIMEIRA LETRA"*

Tem-se, no caso, pelo menos duas opções para o gerador:
1) um quadriculado 4 x 4 com 4 quadrados removidos,
2) um triangulado de lado 5, com 6 triângulos removidos.

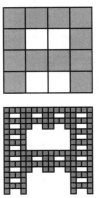
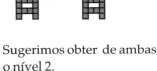
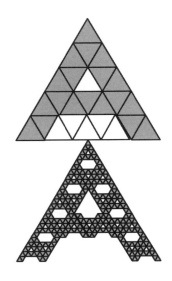

Sugerimos obter de ambas o nível 2.

**Exploração** - Descoberta das área do fractal para um nível n geral. No seu julgamento, o visual do nível 1- opção 1 seria importante para desenvolver o senso estético? E da opção 2?

c) *Fractal "W – REFLETIDO (ou Espelhado)"*
(criação de Osvaldo.Severino Jr. da área de computação)

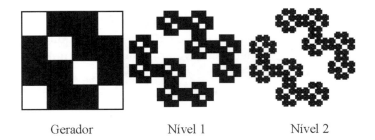

Gerador      Nível 1      Nível 2

**Continuação:** Sugerimos continuar até o nível 4; para facilitar use o nível 0 bem grande.

**Exploração** - Por exemplo, estudar a área do fractal supondo o lado unitário do quadrado inicial.

## E– Fractais por Transformação
### a) *Fractal "SIERPINSKI INVERTIDO"*

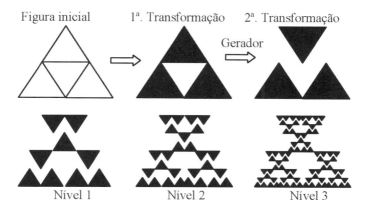

Iniciamos com um triângulo dividido em 4 iguais, removemos o central tal e qual no triângulo de Sierpinski, finalmente rotacionamos de 180° o triângulo superior obtendo o Gerador.

Outro iniciador, de um fractal interessante, pode ser obtido trocando a segunda transformação por uma aplicada ainda só sobre o triângulo superior consistindo numa atração redutora pelo vértice de cima, por exemplo de 1:2, conforme indicamos nas figuras dadas a seguir.

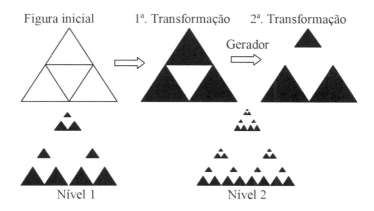

**b)** *Fractal "LOGOTIPO"*

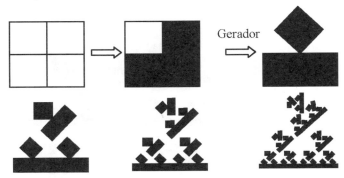

Empregamos na T1 a remoção de quadrado esquerdo superior do quadriculado 2 x 2, e na T2 uma rotação de 45°, no sentido anti-horário, do quadrado direito superior ao redor do vértice comum aos dois quadrados inferiores, obtendo assim o gerador.

Uma variante, consiste em trocar a rotação por uma atração redutora pelo vértice do canto superior direito, por exemplo, de razão 1:2, para obter o gerador.

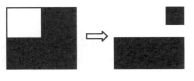

Sugerimos construir este fractal até o nível 2.

**Nota:** A atração redutora é, em particular, uma homotetia.

### F. Fractais árvores

**a)** *Árvore bifurcada simétrica - 90° (redução 1:2)*

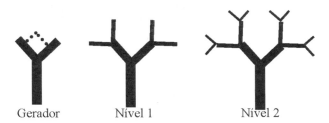

Gerador      Nível 1      Nível 2

**Continuação:** Sugerimos levar a construção até o nível 4, e é do gosto de educandos, jovens, pintar o tronco e as bifurcações iniciais com a cor marrom e as outras verdes passando do escuro para o claro, e colocar nas pontas umas florzinhas multicoloridas.

**Exploração-** Estudar a sucessão de ramos.

**b)** *Árvore bifurcada assimétrica 30º-esq e 45º-dir (red. 1:2 e 2:3)*

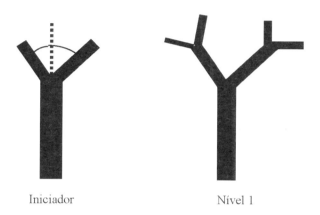

Iniciador          Nível 1

**Continuação:** Sugerimos construir o fractal até o nível 3

**Cuidados:** *É necessário tomar cuidado com as reduções nas bifurcações, metade para esquerda e dois terços para direita, tanto no comprimento como na espessura do "tronco e galhos". Simultaneamente conservar os ângulos de 30º e de 45º respectivamente em relação ao eixo do ramo anterior. Isto exige iniciar com gerador-iniciador com tronco razoavelmente grosso.*

c) *Árvore trifurcada 120° (redução 1:2) com origem pontual*

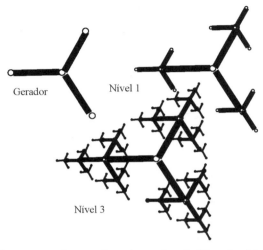

Observar a formação triangular de Sierpinski no nível 3, se o visual ainda não indicar a tendência aos educandos leve até o nível 4 ou 5

**Atenção:** *.O trabalho com árvores fractais é bastante facilitado empregando macros do CABRI-géomètre II. O uso de "edições numéricas" para os ângulos permite dar interessantes animações simulando ventos. Também é possível inserir sombra de árvores que se alternam de um lado para outro conforme incidência de luz.*

## Algumas indicações bibliográficas nossas

BARBOSA,R.M.- *Antes,durante e pós aula: Introduzindo fractais com o triângulo de Sierpinski*,Revista de Educação Matemática SBEM-SP n.8, 2003, 21-26.

LOURENÇO,M.L. e BARBOSA,R.M. - *Fractalino leva seus alunos ao Laboratório de Informática*, Revista de Educação Matemática, SBEM-SP n.8, 2003, 37-38.

SEVERINO JUNIOR, O. e BARBOSA, R. M. – *Obtenção de Fractais pela fronteira com recursos da linguagem JAVA*, INTERCIÊNCIA – Ciências Exatas ano 4, n.2, 2004, 41-47.

# Tutorial para o Nfract

Como utilizar rapidamente o programa passo a passo

1- *Gerar uma imagem e ampliar algum detalhe:*

a) A partir da tela principal, altere (ou não) um ou mais dos coeficientes, nomeados no programa com as letras A até H. Para obter melhores resultados utilize valores entre -1 e 1.

b) Clique na aba Cores, localizada na parte superior da janela.

c) Utilizando o botão Próxima, selecione o mapa de cores da sua preferência. Também pode ser utilizada a lista de mapas sobre os botões Anterior e Próxima.

d) Clique no botão Calcular, na parte inferior da janela. O módulo de cálculo agora está ativado.

e) Já no módulo de cálculo, clique no botão Calcular localizado, no canto superior esquerdo da tela. Imediatamente a imagem começará a ser calculada e aparecerá na área de visualização.

f) Depois de finalizada a imagem, clique no botão ⊕ para ativar a marca de ampliação. Utilize os botões ➕, ➖, ▦ e ▤ para aumentar ou reduzir a marca de ampliação até ela ficar do tamanho desejado.

g) Clique no botão ▣. O cursor irá mudar seu formato para uma cruz. Então clique no ponto da imagem que será o centro aproximado da área que será ampliada. A marca de ampliação, será então deslocada para que seu centro coincida com o ponto clicado. Para fazer um ajuste fino da posição da marca de ampliação utilize os botões de direção. Neste ponto também é possível ajustar novamente o tamanho da marca de ampliação até que ela contenha toda a área de interesse da imagem.

h) Clique no botão Calcular. Uma nova imagem será gerada contendo a área de interesse ampliada para ocupar toda a janela de visualização.

i) Depois de finalizada a nova imagem ela pode ser ampliada novamente, para isso retorne ao passo f. Se desejar, a imagem pode ser salva clicando no botão Salvar. A imagem será salva no formato BMP, que é compatível com quase todos os programas de tratamento de imagens disponíveis para Windows.

2- *Carregar uma imagem salva anteriormente e visualizar/alterar seus parâmetros:*

a) A partir da tela principal ative o módulo de cálculo clicando no botão Calcular. Não é necessário fazer qualquer seleção de cores ou alterar qualquer parâmetro. A imagem será mostrada com o mapa de cores utilizado na sua geração, independentemente do mapa que estiver selecionado.

b) Clique no botão Carregar e selecione a imagem desejada. A imagem será então mostrada na área de visualização.

c) Neste ponto pode-se ampliar alguma área da imagem seguindo os passos f a h do item 1.

d) Clique no botão Transferir Parâmetros. O módulo de cálculo será fechado e os parâmetros da imagem transferidos para a tela principal. Ali eles podem ser visualizados ou modificados para a geração de uma nova imagem.

3- *Gerar e salvar imagens do conjunto de Julia:*

a) Carregue ou gere uma imagem do conjunto de Mandelbrot seguindo os passos descritos nos itens anteriores.

b) Clique no botão **Conjunto de Julia**. Uma nova janela chamada **Mapa de Julia** contendo a imagem aparecerá à esquerda do módulo de cálculo.

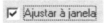

c) Utilizando as barras de rolagem na área de visualização da nova janela, posicione a imagem para que a área de interesse seja mostrada. Opcionalmente pode-se ativar a caixa **Ajustar à janela**. Nesse caso, a imagem será reduzida para que possa ser visualizada por inteiro sem necessidade de barras de rolagem.

d) Clique em qualquer ponto da imagem no Mapa de Julia. Imediatamente as coordenadas desse ponto serão transferidas para as caixas de edição na parte superior da janela; e no módulo de cálculo, a imagem no Conjunto de Julia correspondente ao ponto clicado começa a ser calculada.

e) Depois de finalizada, a imagem pode ser salva normalmente no módulo de cálculo.

f) Se desejar ter um controle mais preciso das coordenadas para a geração da imagem no conjunto de Julia, desative a caixa Cálculo automático. Neste modo, em vez de iniciar o cálculo quando, o ponto é clicado, as coordenadas desse ponto são transferidas para as caixas de edição, onde podem ser modificadas à vontade. Depois de ajustadas as coordenadas, o botão Calcular, ao lado da caixa de edição, dispara o cálculo da imagem no módulo de cálculo.

4- *Gerar uma sequência de imagens:*

a) Selecione um mapa de cores e ative o módulo de cálculo.

b) Dentro do módulo de cálculo, clique no botão **Sequência**. Uma nova janela será ativada.

c) Selecione as imagens inicial e final da sequência. Pode-se digitar o nome da imagem na caixa de edição correspondente (com o caminho completo) ou utilizar o botão 🔍 para selecionar as imagens desejadas (recomendado).

d) Indique a quantidade de imagens que serão geradas. Esse número não inclui as imagens inicial e final.

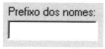

e) Indique o prefixo que será utilizado para a geração dos nomes das imagens.

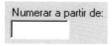

f) Indique o número inicial das imagens. As imagens serão numeradas a partir desse número.

g) Clique no botão **Avançar**. O conteúdo da janela será modificado para mostrar informações sobre as imagens que serão geradas.

h) Se desejar voltar e alterar as informações, clique em **Voltar**, caso contrário, clique em **Concluir**. A janela então desaparece e imediatamente as imagens começam a ser calculadas no módulo de cálculo. As imagens são salvas assim que finalizadas, antes de iniciar a próxima imagem da sequência. Para salvar as imagens será utilizada a mesma pasta da imagem inicial.

> ## *CD–Rom em anexo*
>
> 1. Software Nfract (em Delphi)
> *Francesco Artur Perrotti*
>
> 2. Programas em Linguagem C
> das Curvas de Hilbert e Peano
> *Edna Yoshiko Sensako*
>
> 3. Programas em JAVA
> Curva de Koch Alternada
> e Ocotogonal tipo Dürer
> *Osvaldo Severino Júnior*

## *Instalação do CD*

Insira o CD na sua unidade de CD-Rom e aguarde. O programa de instalação será iniciado automaticamente, então siga as instruções das telas.

Caso o programa não inicie automaticamente, clique em Iniciar/Executar e digite a seguinte linha de comando:

**D:\instalar**

Onde D é a letra associada à sua unidade de CD-Rom.

Após a instalação, o programa e os arquivos de exemplo estarão localizados na pasta Arquivos de Programas\Nfract.

Para executar o programa pode-se usar o menu de programas do Windows (Iniciar/Programas/Nfract).

Os outros anexos (Linguagem C e Java) não são copiados durante a instalação, mas podem ser acessados no CD.

QUALQUER LIVRO DO NOSSO CATÁLOGO NÃO ENCONTRADO NAS LIVRARIAS PODE SER PEDIDO POR CARTA, FAX, TELEFONE OU PELA INTERNET.

Rua Aimorés, 981, 8º andar – Funcionários
Belo Horizonte-MG – CEP 30140-071

Tel: (31) 3222 6819
Fax: (31) 3224 6087
Televendas (gratuito): 0800 2831322

vendas@autenticaeditora.com.br
www.autenticaeditora.com.br

---

ESTE LIVRO FOI COMPOSTO COM TIPOGRAFIA PALATINO E IMPRESSO EM PAPEL OFF SET 75 G NA SERMOGRAF ARTES GRÁFICAS.

---